25 VERBOS PARA CONSTRUIR SUA VIDA

ALBERTO SARAIVA

OS ENSINAMENTOS DE UM DOS MAIORES EMPREENDEDORES DO BRASIL E FUNDADOR DO HABIB'S

Planeta

Num momento de reflexão pensei nas pessoas a quem mais admiro para escrever o prefácio deste livro. Pelos valores humanos que representam naquilo que fazem, com bênçãos, haveria de conseguir ao menos um.

Na surpresa maior, todos brindaram-me com suas palavras. Foi o primeiro presente que este livro me trouxe. Honraram-me ao disporem de seus tempos para me ajudarem na missão de levar conhecimento e ajuda aos meus queridos leitores.

Quando nos prontificamos a ajudar as pessoas, recebemos dádivas por vezes maiores do que esperamos. Foi o que ocorreu.

Obrigado Miguel Falabella, Washington Olivetto, Bernardinho, Nizan Guanaes, Geraldo Alckmin e Augusto Cury.

Alberto Saraiva

Sucessos e fracassos, risos e lágrimas, aplausos e vaias acontecem na vida de todo ser humano.

A vida é um grande contrato de risco, cujas cláusulas mais importantes não estão escritas. Nela há curvas imprevisíveis e acidentes inevitáveis, mas, como digo no meu livro *O vendedor de sonhos*, podemos escrever os capítulos mais importantes de nossas vidas nos dias mais dramáticos de nossa história.

Alberto Saraiva é um "vendedor de sonhos". Ele não apenas vende o que o dinheiro pode comprar, mas também o que ele jamais pode adquirir, como pensamento abstrato, raciocínio dedutivo, ousadia, altruísmo, entusiasmo pela vida, a capacidade de se reinventar, habilidade de dar o melhor de si para promover o bem estar das pessoas. Seu belíssimo livro, escrito com paixão e inteligência, revela um homem que aprendeu a escrever seus mais nobres textos nos momentos mais angustiantes de sua existência.

A vida é bela e breve como gotas de orvalho, que por instantes aparecem radiantes na mais bela manhã e depois se dissipam aos primeiros raios solares do tempo. Por ser assombrosamente breve e admiravelmente bela, deveríamos vivê-la com dignidade e maturidade. Jamais deveríamos permitir que as tensões e preocupações do presente, o sofrimento pelo futuro ou as perdas e frustrações do passado controlassem nossa história. É essa tese que propõe meu dileto Alberto Saraiva em cada capítulo, em cada verbo que ele proclama, em cada texto que escreve. Quantas lições de vida! Quantas lágrimas irrigaram a sabedoria! Quantas crises transformadas em oportunidades!

Ainda que possamos ser influenciados e marcados pelos estímulos estressantes, jamais deveríamos dar a chave do cofre da nossa emoção para os outros. Cada capítulo que você ler desta obra será uma oportunidade para você aprender um pouco mais a gerir sua emoção e adquirir ferramentas para ser um pouco mais autor de sua história numa sociedade altamente estressante e ansiosa. Parabéns, Alberto, por estimular seus leitores a fazer uma viagem para dentro de si através das rotas que você mesmo fez em camadas mais profundas de sua mente...

AUGUSTO CURY
psiquiatra e escritor

A CONFRARIA DOS HOMENS DE BEM

Meu avô Vicente era um homem de bem. E também um contador de histórias. Já escrevi inúmeras vezes sobre ele e nunca me parece o bastante, tamanho o amor e respeito que dediquei àquele homem. Era pescador, saía todos os dias antes de o sol nascer, tinha uma vida de simplicidade franciscana, mas uma alma cheia de fantasia. Suas histórias, que ele ia inventando para me fazer dormir, eram sempre sobre heróis que precisavam vencer obstáculos aparentemente intransponíveis, mas que terminavam por consegui-lo através da sabedoria e observação. Tinha também o curioso costume de me fazer decorar os nomes das estátuas da cidade, enquanto me dava aulas de história (a seu modo, acredito eu), mas enfim, foi um homem que fez nascer em mim um contador de histórias e um observador das cidades e de suas personagens. Aos que talvez se perguntem por que abrir um prefácio com tal lembrança, respondo: ele esteve ao meu lado durante a leitura do livro de Alberto Saraiva que, como outros grandes empresários internacionais, nos apresenta a narrativa de sua trajetória de sucesso.

Alberto Saraiva escolheu 25 verbos para construir a vida dele e a gestão de seus negócios e, como em tudo que faz, compartilha com o público o que vai muito além de uma "receita de sucesso". É um livro que se lê com prazer, pois os verbos escolhidos não só se aplicam aos negócios, mas igualmente à vida do empresário, que ele conta com extrema sinceridade e nostalgia. Portanto, *25 verbos para construir sua vida* vai além do livro de autoajuda que o título talvez possa sugerir, pois nele juntam-se o olhar do memorialista e a visão do empreendedor. O resultado é de grande coerência, acreditem. Mais uma vez, através de seu livro, Alberto Saraiva dá ênfase ao verbo democratizar, não por acaso um dos seus eleitos. Com uma prosa direta e emocional, o autor chega ao coração de todos os leitores com muita rapidez e eficácia. É um livro para todos.

Outras lembranças me assaltaram durante a leitura do livro de Alberto Saraiva: as do meu tempo de estudante de teatro onde aprendi que além das aulas teóricas e técnicas, há que se beber da inspiração daqueles que mantêm a chama acesa e eis aí outro diferencial do livro que ora lhes apresento: não estamos aqui teorizando sobre o mundo dos negócios e estratégias de venda. Longe disso. Estamos diante de um relato original e honesto sobre a vida de um homem comum que fez da simplicidade e da democratização suas grandes armas para a conquista de seus sonhos. Assim, através da leitura do livro, aprendem-se lições valiosas de vida, como sua maravilhosa teoria da multiplicação do zero à esquerda. Alberto Saraiva acredita no possível e trabalha duro para alcança-lo. Suas palavras, tão bem colocadas neste livro que ele destina ao grande público, sem dúvida alguma encontrarão abrigo no coração dos leitores porque, acima de tudo, o autor resgata em sua narrativa a ideia de uma secreta confraria dos homens de bem, aqueles que trabalham de sol a sol e que tentam passar algum ensinamento válido aos seus descendentes. É emocionante a relação com seu pai, que o autor perdeu tão precoce e tragicamente. É reconfortante a persistência e a justa valorização do trabalho que encontramos nessas páginas. É animador acompanhar suas aventuras no mundo dos negócios. Não foi por acaso que meu avô Vicente veio do passado para debruçar-se comigo sobre as páginas de Alberto. E junto com ele vieram outros tantos, na verdade, milhares de homens de bem que sempre se espelharam em bons exemplos. Pois é deles que precisamos e são eles a base deste livro. Terminei a leitura com um sentimento bom por dentro, daqueles que a gente tem vontade de segurar no peito. E sabem o que eu acho que era? O reencontro com nosso DNA comum português – as ancestrais lembranças dos antepassados que sempre tiveram a hostil Espanha a lhes ameaçar as costas e o mar aberto em frente. O espírito empreendedor e aventureiro que não se perdeu e que volta geração após geração. Na verdade, dei por finda a leitura com vontade de lhe dar um forte e merecido abraço. Receba-o, meu caro Alberto.

Peço licença aos leitores para usar este prefácio também como agradecimento, já que Alberto Saraiva foi extremamente afetuoso em seu convite para que eu escrevesse estas palavras. Eu, particularmente, sempre acreditei que o mundo seria melhor se pequenas gotas de sabedoria nos fossem ministradas diariamente. Filosofia ao alcance de todos. Depois de ler seu livro, não duvido nada que Alberto Saraiva consiga espalhar sua palavra pelo Brasil com a mesma rapidez com que espalhou seus quitutes, já que ela é tão saborosa quanto. Bom proveito!

MIGUEL FALABELLA
ator e diretor

Alberto Saraiva e eu compartilhamos da fé: a fé em Deus, a fé na persistência e a fé inquebrantável naquilo que empresários como nós podemos dar de melhor ao nosso país: empreender.

O Brasil precisa gerar milhões de empregos para seguir se desenvolvendo, uma demanda que não pode ser atendida sem empreendedores de alto impacto como Alberto Saraiva. É gente que começa numa garagem e em dez anos constrói uma Apple. Ou, neste caso, começa na rua Cerro Corá, ali na Lapa paulistana, e em poucos anos constrói um Habib's.

E, depois de trabalhar muito e conquistar coisas que nunca sonhou, sabe o que um empreendedor faz? Ele acorda e vai trabalhar bem cedo, mas agora para enriquecer outras pessoas, para treinar as novas gerações na sua empresa, para incentivar o empreendedorismo na sociedade, como faz este livro.

O genial Albert Einstein disse certa vez que "tudo de valioso na sociedade humana depende das oportunidades de desenvolvimento oferecidas aos indivíduos".

Alberto Saraiva criou suas próprias oportunidades e agora compartilha seu aprendizado conosco de uma forma ao mesmo tempo leve e profunda com essa lista de verbos que dão nome aos capítulos de sua vida transformada em livro.

Comecei a vida profissional como redator e me tornei empresário. Alberto Saraiva começou a vida como empresário e se tornou redator de um livro cheio de lições e inspirações para empreendedores e brasileiros em geral que precisam conjugar muitos e muitos verbos nessa terra de oportunidades.

NIZAN GUANAES
Fundador do Grupo ABC

Alberto Saraiva, o fundador do Habib's, é um homem de ação – daí a sua especial familiaridade com os verbos. Ao longo da vida, soube conjugá-los a serviço da inovação e da excelência para escrever uma das maiores histórias de sucesso empresarial do Brasil.

Tive a honra de prefaciar seu primeiro livro, *Os mandamentos da lucratividade*, leitura valiosa não só para os que pretendem entrar para o mundo dos negócios, mas para toda pessoa que busca o sucesso profissional. A este segundo livro, ele agrega valor: os grandes valores que devem nortear uma vida.

O grupo empresarial Habib's, que hoje controla também a rede Ragazzo, criou e mantém mais de 22 mil empregos em 430 lojas distribuídas pelo país. A tremenda importância social desse empreendimento não deve escapar ao leitor. Tamanho sucesso, envolvendo número tão grande de pessoas, deriva de uma enorme capacidade pessoal de confiar, criar e motivar. São talentos que Alberto empregou também ao idealizar a recente campanha cívica Fome de Mudança, incentivadora da participação popular no movimento contra a corrupção e pela ética na política.

Dr. Alberto é um amigo e um colega, pois é médico, como eu. Trabalhando desde muito cedo, ele cursou medicina na Santa Casa de São Paulo superando uma enorme quantidade de obstáculos que o leitor vai conhecer a fundo, mas nada derrotou o seu sonho de se formar.

As dificuldades no caminho tornaram Alberto generoso na arte de ajudar. Vinte e dois anos depois de formado, ele retornou à Santa Casa para receber o diploma de seu Irmão Benfeitor, responsável pela reforma e compra dos equipamentos que modernizaram o Departamento de Oftalmologia e permitiram à instituição baixar de 5 anos para 90 dias a espera de crianças por uma cirurgia.

Este livro defende que a criatividade nasce de uma comunhão de atitudes praticadas: ouvir e aprender, respeitar e admirar, imaginar e buscar, ousar e pesquisar, acreditar e sonhar.

Arrojado, confiante, com o DNA do trabalho, Alberto Saraiva coloca sua inteligência a serviço da superação de desafios. Ele é o modelo do empreendedor de que o Brasil precisa na tarefa urgente e insubstituível de gerar empregos de qualidade e, com eles, produzir o verdadeiro desenvolvimento.

GERALDO ALCKMIN
Governador do Estado de São Paulo

SUMÁRIO

INTRODUÇÃO

ANTECIPE-SE, A VIDA FICA MELHOR

Por amar a vida, decidi escrever sobre ela. Quem sabe, com esta leitura, você se antecipe, erre menos e viva de maneira mais harmoniosa. Para isso, escolhi 25 verbos que carregam esse poder. Lendo-os, você se descobre. Alguns se antecipam no tempo e se definem; outros jamais se encontram. Tenho família, filhos, amigos e muitas pessoas com quem convivo; agora tenho você, meu leitor. É para servi-lo que escrevo. Assim, posso ganhar a notoriedade do bem.

Felizes aqueles que se antecipam no conhecimento que adquirem, nas experiências por que passam, nos aprendizados do que leem, veem e ouvem. A eles é reservado o melhor.

Não é dado a você o privilégio de conhecer o futuro, mas, sim, de deslumbrá-lo. Você pode limitá-lo àquilo que vê ou descobri-lo naquilo que sonha. Depende do que carrega e quer para si mesmo.

Se você está começando, anime-se!

A escolha entre as setas indicativas é nossa. Cabe a nós escolher os bons caminhos. É com eles que aprendemos. São eles que nos definem, nos marcam e nos transformam. Os maus caminhos devem ser desprezados logo no início. Os bons, conservados sempre. Melhor o filme que se mostra alegre no início do que aquele que começa na desgraça. No primeiro há mais chances de o final ser feliz.

Vou escrever sobre a vida. Quando a iniciamos, dela pouco sabemos. Depois, vamos conhecendo-a aos pouquinhos. Analisei-a no que pude. Interessei-me pelas histórias. Quis sabê-las do início ao fim. Com elas, aprendi a escolher as setas indicativas. Passo a passo, curti cada etapa. Em cada uma, descobri um verbo que mudou minha trajetória e que, espero, também mudará a sua. Aqui estão os mais sábios. Com eles, coisas incríveis ocorreram. Eles representam a pequena história que fiz, dentro das experiências do que vi, li, ouvi e aprendi. São essas experiências que trago. Se no início eu soubesse como a história se daria ao longo de todos esses anos, talvez tivesse desistido por achá-la impossível.

Neste livro, alguns tabus são quebrados, inverdades se tornam verdades e outras desmoronam. Assim como o movimento das nuvens, o passar do tempo se dá no azul do céu ou no negro da escuridão. Tudo passa. Não há certeza de nada. Temos que tudo conhecer para optarmos entre o claro e o escuro, o melhor e o pior, o belo e o feio, o que nos serve e o que deve ser descartado. Não cabe a nós ser como o saco de lixo, que tudo recebe sem poder interferir no que o preenche. A nós é dado o poder da escolha. É no conhecimento que ela acontece. Quanto antes isso ocorrer, mais prazerosa será a vida. Antecipe-se.

EMOCIONAL E RACIONAL SE COMPLETAM, OPTE PELOS DOIS

Defini-me em dois mundos: o emocional e o racional. No emocional, aprimorei os sentimentos, tornei-os mais fortes, mais comprometidos; avancei nos segredos da alma, na profundidade do existir. A emoção me guiou. No emocional, lapidamos o que sentimos, realizamos nosso ser e nosso existir. Nele, o coração se sobrepõe.

No racional, aprimorei as qualidades profissionais, montei negócios, construí valores de ganho; nele, a razão me guiou. No racional, construímos nossa profissão, nossos castelos. Nele, a mente nos sustenta e nos guia.

Nos caminhos do dia a dia, castelos serão construídos, de diferentes tamanhos; alguns maiores, outros menores; alguns cairão e se perderão, outros sobreviverão e darão resultados maiores. Assim também acontece com os sentimentos.

Emocional e racional convivem, completam-se, apoiam-se mutuamente, não há como separá-los – escolhê-los em seus tempos, sim. Mantenha-os vivos. Defina-se pelos dois.

Para falar do emocional, escrevi como os poetas. A eles cabe a liberdade de expressar o que sentem, como veem a existência, como interpretam os sentimentos. Para falar do racional, escrevi como empresário. Trouxe as aprendizagens das histórias, algumas fáceis, outras quase impossíveis.

Em cada verbo, exploro o emocional dos sentimentos e o racional dos negócios. Não sei qual deles você busca. O melhor é que sejam os dois; assim você ficará completo; não será a metade que sem a outra não vive, não será como as plantas com flores que sem as abelhas não se reproduzem.

Espero que no prazer você avance nesta leitura e não a deixe. Não sabemos onde as boas surpresas se escondem. Há que se caminhar para encontrá-las. A distância e a velocidade, cabe a você decidir. Espero que no decorrer destes 25 verbos você encontre boas surpresas que o ajudem a construir sua vida. Boa leitura.

ACREDITAR

◂

Rico em elementos constitutivos, a obra de arte de Suzana Garcia faz referências às origens e à maneira de ser da família Saraiva. São fragmentos da história, como fotografias, registros e mapas, que documentam o início de uma trajetória. Destaque para o cartão de imigração de Maria Júlia, no qual consta o nome do filho. Na foto maior, Antônio Alberto, com dois anos, segura o pandeiro. A linguagem é da colagem tradicional, em que foram utilizados tons de sépia e dourado com o objetivo de criar uma atmosfera nostálgica. Na composição do quadro, é possível notar símbolos que fazem referência ao país e à aldeia de origem, como a esfera armilar, a Catedral de Guarda, as pedras típicas da região e a estrela, que carrega em seu simbolismo a predestinação da família. Os textos estão relacionados a sua unidade, solidez e fortaleza.

ACREDITAR NÃO VIVE SEM SONHAR

A crença no futuro determina como ele será – bom ou ruim –, dependendo do que acreditamos. Acreditar e sonhar vivem próximos, estão juntos. Um não sobrevive sem o outro. Com o acreditar, os sonhos brotam por todos os lados, multiplicam-se. Sem o acreditar, de nada valem.

A vantagem do desconhecido é não sabermos o que nos espera. Se soubéssemos, muitos de nós desistiríamos; outros sonhariam ainda mais. Os testes são difíceis. Muitos não querem enfrentá-los. Outros os executam e seguem vibrando. A escolha do conhecer e do fazer é de cada um. Aos que acreditam, o desconhecido inspira a crer que coisas boas virão; com elas, eles sonham, enfrentam os testes e aprendem a ser melhores.

O acreditar permite sonharmos com tudo: uma vida mais bem-sucedida, a profissão desejada, o trabalho frutífero, o dinheiro se multiplicando, a conta crescendo, a família se formando, os filhos se encontrando, os netos surgindo, as gerações brotando. O acreditar permite sonhar com o amanhã girando em torno de nós. Viver vale por essas crenças. Sem elas, vale quase nada. É preciso acreditar!

A crença no futuro determina como ele será – bom ou ruim –, dependendo do que acreditamos.

A história a seguir ilustra bem o poder de acreditar. Apoiados na crença, marido e mulher criaram coragem e deixaram para trás tudo o que tinham: os pais, os parentes, os amigos e a pátria

“Não sabemos onde as boas surpresas se escondem. Há que se caminhar para encontrá-las.”

amada; atravessaram o oceano e foram em busca do sonho de construir uma trajetória mais digna.

DO OUTRO LADO DO MUNDO

Portugal, janeiro de 1953. Tudo certo! A jovem de 20 anos, recém-casada, está com a ficha de imigração e o passaporte nas mãos. A esperança transparece em seu rosto, a crença bate viva em seu coração. Do outro lado do Atlântico haverá uma vida de mais qualidade. No porto, a fila de embarque se estende. O casaco cobre e disfarça o ventre sobressaindo. Seu acreditar é maior que toda e qualquer dificuldade futura que possa surgir. O marido Antônio lhe inspira confiança, e o amor dela por ele é capaz de tudo. A fila longa se desfaz. Agora, só falta o visto de saída do país. Pela janela, já se vê o nome do navio: *Corrientes.*

Não sabemos onde as boas surpresas se escondem. Há que se caminhar para encontrá-las.

Ao chegar à cabine do policial, inicia-se uma série de perguntas. "Nome?" A jovem responde: "Maria Júlia Pinheiro". "Residência?" "Velosa, Celorico da Beira." "Estado civil?" "Casada." "Tem filhos?" "Está por vir. Estou grávida de cinco meses. Vai se chamar Antônio Alberto."

O policial hesita, para, pensa e, depois de alguns segundos de indecisão, chama uma colega, que encaminha o casal Antônio e Júlia para uma sala. Júlia será examinada pela equipe médica do navio. Seus poucos 42 quilos e o tamanho enorme da barriga a denunciaram. A médica dá o diagnóstico: a gravidez é, na verdade, de sete meses. Minutos de ansiedade e expectativa. Chega a notícia que o casal temia e não queria receber: Júlia, grávida, não poderá viajar.

A policial explica: a distância é grande e serão onze dias de viagem. O perigo existe, o navio balança e as tempestades são frequentes. Os incômodos são constantes, os enjoos, invariáveis, e a segurança

“Você não tem a capacidade de adivinhar o futuro, mas de acreditar que pode construí-lo da forma que quiser.”

nem sempre está presente. A sentença final é reconfirmada: Júlia terá que retornar à aldeia. O risco de perder a criança é enorme.

Novas dúvidas, novos choros, novos desesperos. O casal se abraça, as lágrimas correm pelo rosto de cada um. Minutos depois, os dois se recuperam, retorna a crença de que "vai dar tudo certo" e decidem: Antônio prossegue em sua viagem para o Brasil, e Júlia retorna à aldeia Velosa. Nem mesmo lhe foi devolvida a mala, já embarcada, que continha o enxoval do bebê. No caminho longo e angustiante de volta à aldeia, Júlia lembra que terá que ir para a casa dos pais. Sua casa havia sido desocupada. A cama, a mesa pequena e as cadeiras foram retiradas; não havia mais nada por lá.

A VIAGEM PARA O BRASIL

Passam-se alguns meses. Nasce o filho, que recebe o nome de Antônio Alberto Saraiva. A mãe, preocupada com a viagem ao Brasil, o batiza na pia batismal de pedra, na pequena igreja de Velosa. O dinheiro escasso permite uma pequena comemoração: arroz doce tradicional, filhós e pantufo.

Com o acreditar, os sonhos brotam por todos os lados – multiplicam-se. Sem o acreditar, de nada valem.

Nova despedida. O sofrimento dos avós é ainda maior. Além da filha, o neto fofo, gorducho, de pernas grossas, vai-se embora. Os avós se desesperam, mas não tem jeito – chegou a hora. A despedida acontece.

No porto, Júlia embarca com o filho Alberto no colo, amamentando, de apenas seis meses. Seios doloridos não permitem nem mesmo o uso de sutiã. O gorducho mama muito, a toda hora; é insaciável.

Com o acreditar, os sonhos brotam por todos os lados – multiplicam-se. Sem o acreditar, de nada valem.

Após onze dias de viagem, mãe e filho serão recebidos por Antônio. Júlia combinou com a amiga portuguesa a seu lado que deixaria a criança alguns minutos no colo dela para ver a reação do pai, que, ansioso, vai logo gritando: "Cadê meu filho?".

Finalmente, o casal recebe a recompensa. Para Júlia, o abraço apertado do marido. Para Antônio, o beijo amoroso da esposa e a alegria de ver pela primeira vez o filho com o qual tanto sonhava. A travessia do oceano Atlântico havia criado um espírito de união e dependência entre os três. Perduraria para sempre.

ATRAVESSE OCEANOS

Algumas pessoas hesitam em acreditar que histórias como essa possam ocorrer e sejam capazes de mudar sua vida. Diante das dificuldades, acomodam-se em suas existências, no pouco que têm. Convencem-se de que determinadas coisas são impossíveis de ser mudadas. Concluem que o melhor não virá. Permanecem no que são e onde estão; não atravessam oceanos, não se submetem aos enjoos e às ondas do mar; não se arriscam a conhecer o desconhecido. São descrentes do futuro.

> É no acreditar que nos superamos, que atravessamos oceanos.

Nossa primeira história nos ensina a pensar de outra maneira. Ensina-nos a desejar construir nossa própria história, nos ensina que não viemos a este mundo para simplesmente viver e morrer, nos ensina que não podemos nos consolar do pouco que temos, nos ensina que nossos sonhos podem ser conquistados.

Não importa o que somos, se pequenos agricultores que colhem suas uvas num pedaço de terra para fazer o vinho servido à mesa. Não importa o que fazemos, se colhemos o leite das ovelhas para termos o queijo cremoso de todos os dias. Não importa nem mesmo nosso grau de instrução; o primário incompleto pode fazer crer que é preciso trabalhar dobrado para se igualar a quem cursou uma universidade. Não importa onde estejamos, se na pátria de origem ou do outro lado do oceano. O que importa é acreditarmos! O acreditar do casal Antônio e Júlia fez que se movessem na esperança de que podiam ter um futuro recompensador. E assim construíram suas histórias e a minha também.

A história de meus pais pode servir a você. Eles acreditaram que algo bom ia ocorrer em suas vidas, criaram coragem, deixaram a família e o lugar onde viviam e partiram em busca de dias mais tranquilos. Aprendamos com eles – é preciso acreditar! É assim que nos superamos, que nos projetamos em situações mais bem-sucedidas, que atravessamos oceanos, que conquistamos um mundo melhor, que realizamos nossos sonhos. Acredite!

Você não tem a capacidade de adivinhar o futuro, mas, sim, de acreditar que pode construí-lo da forma que quiser.

Meu querido leitor, eu não sei o tamanho do oceano que você tem pela frente, não sei qual é o seu grau de instrução e quais são seus planos futuros, não sei se você vive do vinho e do queijo que produz, não sei se sua casa é feita de pedras e se o fogo que aquece sua comida é da lenha das árvores. Eu não sei nada sobre você. O que sei é que sua vida se inicia nesse primeiro verbo, naquilo que você acreditar, naquilo que você carregar em sua mente, nos desejos de seu coração. Por tudo isso é que o verbo acreditar é o primeiro de nosso caminho. Sem ele, os outros não têm forças. Adote-o: acredite!

CONFIAR

◀

Para essa obra, foi utilizada a imagem do caminhão de doces do sr. Antônio Saraiva, com caixas da marca Confiança, em que se podem ver os três irmãos unidos e brincando despreocupadamente. Essa imagem foi escolhida por trazer em seu conteúdo o início de uma história de sucesso comercial, com elementos como a menina que brinca de braços abertos sobre o cavalo, remetendo às mensagens de se soltar, confiar e, acima de tudo, ter coragem.

CONFIAR, SINÔNIMO DE OUSAR

Nosso segundo verbo é o confiar. Inicio falando de confiar em si mesmo. É ele que forma seres humanos diferenciados, convictos, decisivos e determinados. Ele traz a crença de que somos capazes, de que podemos ousar; dá-nos a coragem de tentar sem medo de errar, deixa-nos motivados, aptos a viver.

Pessoas que confiam em si mesmas vivem sorrindo, o astral é para cima, têm boa personalidade, aglutinam gente ao redor, multiplicam amigos, sentem reciprocidade, são benquistas e bem-sucedidas. Como diz um amigo: "Sentem-se 'as rainhas da cocada'".

Confiar em si mesmo traz a crença de que somos capazes, de que podemos ousar; deixa-nos motivados, aptos a viver.

O problema é que, na maioria das vezes, para adquirirmos esse tipo de confiança, faz-se necessária a ajuda de terceiros. Incongruência: para eu confiar em mim mesmo, preciso da ajuda de outro. Mas é assim que ocorre. Tive esse privilégio quando adolescente. Recebi ajuda de uma pessoa que marcou minha vida, formou minha personalidade, me fez mais humano. Vou contar essa história. Depois dela, jamais deixei de confiar em mim mesmo. Isso mudou minha maneira de ser. Espero que sirva de exemplo a você.

Confiar em si mesmo traz a crença de que somos capazes, de que podemos ousar; deixa-nos motivados, aptos a viver.

"Confiar em si mesmo forma seres humanos melhores, diferenciados, convictos, decisivos e determinados."

SANTO ANTÔNIO DA PLATINA, A MELHOR CIDADE DO MUNDO

Vamos viajar a uma pequena cidade na década de 1960 (eu tinha 14 anos em 1967).

Logo que meus pais chegaram de Portugal, a vida na cidade de São Paulo não era das mais animadoras. Morávamos na Vila Guilherme, nos fundos de uma casa, que era nos fundos de outra. Isso mesmo. Lembro-me de haver um quarto e uma cozinha, nada mais que isso. Foi quando meus pais resolveram se mudar para Santo Antônio da Platina, no norte do estado do Paraná. Para mim, essa é a melhor cidade do mundo. O melhor de todos os lugares é onde somos felizes, não importa qual seja. Era uma cidade pequena: 15 mil habitantes. Lá, fiz dezenas de amigos inesquecíveis, fiéis companheiros, e nós nunca nos separávamos.

Naquela cidade do interior, meu pai criava bem os filhos. Dentro do que ganhava, sobrava sempre um pouco. O custo de vida era baixo. Não havia luxo; aliás, nem precisávamos de luxo. O simples era suficiente para nos fazer felizes.

Foi lá que passei minha infância e adolescência, até os 17 anos. Minhas boas recordações são de lá. Necessito relembrar algumas. Terezinha, o amor platônico do olhar, sem o toque das mãos. Dona Cida, minha primeira professora no Colégio Estadual Rio Branco. O campo de futebol de terra roxa, em frente à rodoviária, onde eu jogava todas as partidas por ser o dono da bola. A fonte da praça que nos convidava a infringir a placa de "Proibido nadar". O jogo de bolinha de gude, que aumentava ou diminuía minha coleção no vaso de vidro transparente. A disputa do pião dentro do círculo, a qual os amigos mais velhos sempre ganhavam. Os estilingues de forquilha torta que nunca atingiam os passarinhos. A arapuca desengonçada que apenas uma vez pegou o sabiá. O assalto inocente, atrevido e emocionante, ao pé de manga do vizinho. A cancha de bocha da igreja, onde jogávamos escondidos dos padres. A praça Nossa Senhora de Aparecida, onde apanhei do moleque que eu vivia atormentando e que me deixou por dez dias de olho roxo. E, finalmente, a Igreja Matriz de Santo Antônio, onde adquiri minha fé espiritual, que me sustentou por toda a vida. São coisas do passado que não consigo esquecer e adoro relembrar!

VENDA DE DOCES

Meu pai ganhava a vida vendendo doces. Comprava-os em São Paulo, nas fábricas Neuza, Bela Vista e Confiança, e os vendia no interior do Paraná, nas cidades de Tomazina, Ribeirão Claro, Carlópolis, Quatiguá, Siqueira Campos, Joaquim Távora, Jacarezinho, e outras localidades próximas.

> O melhor de todos os lugares é onde somos felizes, não importa qual seja.

A operação de viajar vendendo doces era complexa, trabalhosa e sacrificante. Não era nada fácil, mas ele estava sempre feliz. Toda semana, viajava pelas estradas de terra, vendendo as caixas de doces para os bares, os botecos e as vendas que ficavam no meio do mato e atendiam aos pequenos agricultores, que não iam à cidade e ali faziam suas compras domésticas.

O ano todo, fizesse sol ou chuva, papai tinha que cumprir seu compromisso: o de passar pelos bares e pelas vendas, uma vez por semana, e não deixar a vitrine de doces vazia. Em troca, havia o compromisso dos donos dos bares de fazer novas compras e pagar as feitas na semana anterior. O fiado corria solto, acordado por assinatura ou rabisco, feito numa folha do caderno de capa suja e malcuidado. Isso era suficiente para o cumprimento rigoroso da dívida, que era respeitada como se fosse um mandamento religioso.

UMA NOITE QUE NUNCA ESQUEÇO

Certa noite, estávamos com o caminhão de doces encalhado à beira de uma estrada de terra, cheia de barro. Chovia muito. Eu tinha 14 anos; papai, 38.

Não havia o que fazer com o caminhão, nem como sair dali, nem pedir socorro, pois ninguém passava pela estrada. Havíamos sido surpreendidos pela chuva e a forte tormenta; só restávamos nós. O caminhão, na luta de prosseguir, acabou inclinando e encostando no barranco. As correntes de aço já haviam sido colocadas nos pneus, na tentativa de não patinarem no barro molhado, mas nada disso moveu o caminhão para frente.

Passamos a noite na pequena cabine do veículo. O único banco permitia que deitássemos e descansássemos, ainda que a direção do caminhão nos atrapalhasse. A noite fria e gelada era aquecida pelo cobertor avantajado. A chuva caía em abundância, como se houvesse uma pequena cachoeira em cima de nós. O barulho era intenso, mas nada nos assustava. Eu adorava toda aquela situação. Era diferente, ousada. Lembro-me sempre dessa cena. Talvez por isso, até hoje, eu adore ver a chuva cair e ouvir seu barulho.

A noite passava. E era uma delícia estar ali. Na insegurança, havia a segurança da companhia do pai. A chuva continuava, parecia não se cansar; caía intensamente, sem parar. O cobertor fazia sua parte, mas o calor aconchegante vinha do abraço fraterno de meu pai. Protegíamos um ao outro. Eu o amava demais. Éramos amigos unidos.

Foi nessa estrada que dormimos até o amanhecer. Um sono divino, sem interrupção. Descobri nesse episódio que o cansaço do corpo é o maior dos remédios para um sono profundo, aconchegante e reconciliador. Muito mais saudável que os pequenos comprimidos atuais.

APRENDI A SER COMERCIANTE

Que época boa essa, principalmente nas férias. Passávamos a semana juntos vendendo doces – meu pai e eu. Não via a hora de as férias chegarem para que eu pudesse estar ao lado dele e receber as lições, que, sem que eu soubesse, me ensinariam a ser comerciante – profissão que me qualifica sobre todas as outras.

Foi de meu pai que recebi o dom de vender. Ele parecia prever meu futuro: queria ensinar-me a ser vendedor. Em sua simplicidade, meu pai ensinou-me um tributo que eu jamais deixaria e que me ajudou a vencer: "Confiar em mim mesmo". Isso me tornou um adolescente diferenciado. E isso mudaria minha vida.

O aprendizado de vender doces fez-me comerciante. Decorei os nomes da lista dos doces, como se fosse uma reza. E eu não falava: recitava, como se fosse uma poesia. Era um show à parte. A decoreba era perfeita, eram de 25 a 30 nomes: doce de leite, gibi, paçoca, maria-mole, doce de abóbora, pé de moleque, cocada, pão de mel, suspiro.

A confiança em mim era tanta que já não me preocupava com qual comprador eu estava falando. Minha desinibição na apresentação dos doces encantava os donos dos bares. Eles queriam comprar, mas não o faziam enquanto eu não recitasse toda a lista de doces, um a um, sabor a sabor, e por várias vezes. A cada repetição, um novo pedido de compra era feito. Isso me dava confiança. Sentia-me o máximo; confiava em mim mesmo.

Cabia ao meu pai organizar a busca dos doces no caminhão, de onde os levávamos para o balcão do bar. A conta final era feita, novo papel de fiado era rabiscado ou assinado, e então era a hora de algo que nunca esquecíamos: o recebimento da conta da semana anterior.

Na confiança dada por meu pai, tornei-me desinibido, divertido e esperançoso. A cada bar que chegávamos, eu descia do

“É no confiar em si mesmo que os filhos vão mais além, dão passos largos, persistem no que querem, insistem em seus ideais, abrem portas fechadas, tornam-se vendedores, cantores ou o que quer que seja.”

caminhão sabendo que ia conseguir vender. Confiava em mim mesmo. A lista estava decorada. Os donos dos bares e das vendas gostavam de mim e adoravam quando eu chegava, recebiam-me bem. Papai havia armado um esquema para me tornar comerciante – um excelente vendedor –, e isso nunca mais esqueci.

Técnicas de vendas me foram ensinadas. Eu levava os donos dos bares e das vendas até as quatro portas do caminhão de doces e mostrava a variedade de cada tipo: ao vivo e em cores. Assim, a venda tornava-se fácil, e eu vendia muito mais. Aprendi que há que se mostrar o que se quer vender, e isso também me ajudaria no futuro.

Quando chegávamos à frente de dois bares, ocorria a disputa de par ou ímpar. Assim, decidíamos quem iria ao bar da esquerda e quem iria ao da direita. A aposta era quem venderia mais. Nas vendas realizadas anteriormente, eu ganhara todas. Achava aquilo o máximo. Meu pai sempre escondia a conta verdadeira de suas vendas e me mostrava uma conta menor. O que ele queria é que eu desenvolvesse o "confiar em mim mesmo".

O que ele queria é que eu desenvolvesse o "confiar em mim mesmo".

O PRIMEIRO TESTE DE VENDEDOR

Num dos períodos de férias, papai resolveu testar meu grau de confiança, queria saber até onde eu confiava em mim mesmo. Chamou-me e disse: "Esta semana não vou viajar com você. Você vai com o motorista Gilmar. O vendedor será você. Quando você retornar, quero ver o caminhão vazio". Senti um frio na barriga, minhas pernas bambearam, a indecisão tomou conta de mim. Mas era meu pai quem pedia, e ele fazia isso com convicção. Queria me testar. De longe, minha mãe assistia a tudo, não sabia se chorava ou se sorria para mim. Entre eles, havia um acordo.

Mamãe ficou firme e, com um abraço, despediu-se de mim: "Vai com Deus. Vai dar tudo certo. O Gilmar vai cuidar de você". Eu não podia decepcionar meus pais. Encarei a viagem. Minha mala foi feita e lá fui eu!

Saí na segunda-feira de manhã e retornei na sexta à noite. A viagem foi longa e cansativa, mas eu superava tudo; estava confiante, motivado, e queria mostrar ao meu pai que aprendera a vender. Dessa vez, o caminhão não encalhou. Senti saudades de meu pai. O motorista Gilmar se encarregava de seguir o caminho pelas estradas e a cada parada dizia: "Vai lá e vende tudo que puder. Não se esqueça de cobrar o fiado. O resto, deixa comigo".

Por trás de tudo, havia a manobra de meu pai. Gilmar trabalhava havia muitos anos com ele. Além de motorista, era um bom vendedor. Quando meu pai não podia, era ele quem fazia as vendas. Mas eu não sabia. Para mim, tudo dependia do que eu vendesse. Isso me encorajou a ter ainda mais confiança. A lista de doces estava decorada, na ponta da língua. O convite para ver os doces no caminhão era aceito pelos donos dos bares. Eles me prestigiavam. Achavam o máximo eu estar sozinho, sem meu pai. Tudo conspirava a favor. As vendas aconteciam, e o fiado era pago.

Quando cheguei em casa, nunca me esqueço do abraço carinhoso e apertado que recebi de meu pai. Ele estava me esperando na porta. Sua primeira pergunta foi: "E aí, como está o caminhão: cheio ou vazio?". Respondi: "O que senhor acha?". Ele afirmou: "Vazio". Respondi: "Adivinhão".

A alegria nos dominou. Fomos, então, para a pequena sala de estar de nossa casa. Peguei a caixa onde o dinheiro estava guardado e a entreguei a meu pai. Papai trancou a porta, pegou as notas de dinheiro e começou a jogá-las para o alto. Eram muitas! Espalhavam-se pelo chão. Ele jogou as notas para o alto por diversas vezes! Ele queria comemorar. Seu teste dera certo. Eu havia me superado. E disso jamais me esqueci.

Foi esse aprendizado de oferecer doces aos 14 anos que me fez confiar em mim mesmo, me tornou comerciante e vendedor, e me fez desenvolver a arte de atender e servi-las de forma alegre, carinhosa, amorosa, divertida e convincente.

Papai sabia que um bom comerciante tem mais chances de vencer se confia em si mesmo, se confia no que faz, no produto que oferece, em sua forma de abordar as pessoas. Um bom comerciante conquista com paixão seus clientes: donos de bares ou o que quer que sejam. Foi o que ocorreu comigo. Tornei-me comerciante e um excelente vendedor. A lição de confiar em mim mesmo deu resultados.

Anos mais tarde, formei-me médico, mas não foi nessa profissão que construí minha vida. Deixei meu diploma e fui ser comerciante no ramo de alimentação. Não servi as pessoas curando-as, mas alimentando-as; e não algumas, mas milhões por ano. A decisão difícil de largar a medicina foi ancorada no confiar em mim mesmo, no meu poder de negociar e na profissão de comerciante que aprendera com meu pai. O confiar em mim mesmo me ajudou nessa escolha importante.

Contei essa história para você se inspirar. Pense e reflita se confia em si mesmo, porque isso é importante demais na construção de sua vida.

A FORMAÇÃO DE SÓCIOS

Outra variação do verbo confiar é "confiar nas pessoas". Tive sorte, fui privilegiado. Além de meu pai me ensinar a confiar em mim mesmo, ensinou-me a confiar nas pessoas. Isso me trouxe relacionamentos próximos, íntimos, comprometidos e fiéis. Com isso, aglutinei pessoas ao meu redor e tornei-as amigas. Amigos nos ajudam a viver de modo mais prazeroso, fazem bem ao coração e à alma.

Fui testemunha de que a forma amiga com que meu pai tratava os donos dos bares tornava-os fiéis e respeitosos. Era uma relação estreita de amizade, de compromisso, que jamais falhava. A prova maior era a religiosidade pontual com que os fiados eram pagos. Papai e os donos de bar agiam como se fossem sócios. Ele vendia os doces comprados em São Paulo aos donos de bar, e eles, por sua vez, os vendiam aos seus clientes. Todos lucravam e eram recompensados por seus trabalhos. A confiança mútua lhes fazia bem. Essa experiência me influenciou na maneira de agir, fez-me aprender a confiar nas pessoas. E me ajudaria nos relacionamentos futuros.

Na abertura da primeira loja Habib's, na rua Cerro Corá, em São Paulo, comecei a ser procurado por amigos, colegas de faculdade e outras pessoas. Eles queriam participar do novo negócio, da nova descoberta, do novo sucesso. Por 42 dias, houve fila de clientes na porta.

O aprendizado de confiar nas pessoas fez que eu tivesse facilidade de formar sociedade com quem me procurava. O esquema era simples: juntávamos o dinheiro de cada um e montávamos uma loja. Isso permitiu a expansão. A cada novo sócio, uma nova loja. Os amigos se multiplicavam e prosperavam comigo. Mais tarde, estendi as oportunidades às pessoas que trabalhavam comigo. Garçons se tornaram gerentes, depois administradores, depois donos de loja. Rapidamente, a família cresceu. Em 2015, nos tornamos 20 mil. Confirmou-se: vale a pena confiar nas pessoas.

FRASES SEMPRE POSITIVAS

Filhos podem se tornar aptos ou inaptos, eficientes ou ineficientes, bem resolvidos ou não. A confiança que têm em si mesmos determina essas grandezas. Cabe a nós ajudá-los.

Tão importante quanto os filhos de agora é como eles serão no futuro. É preciso lhes dizer que são capazes, que estão indo bem, que são inteligentes e que confiamos neles. Não importa o

"Certos pais dizem aos filhos: 'Você é burro. Deixa de ser ignorante. Já expliquei mil vezes. Você não aprende...'"

estágio em que estejam. É assim que começamos a ajudá-los. O que não podemos fazer, nunca, é deixar escapar frases negativas.

Certos pais dizem aos filhos: "Você é burro. Deixa de ser ignorante. Já expliquei mil vezes. Você não aprende...". Pergunto: que tipo de confiança esses pais estão passando a seus filhos? Que estrutura psicológica terão para se igualar e competir com os que se destacam? Que munição terão para enfrentar o que vem pela frente?

Minha filha Giullia, de 10 anos, quer ser cantora. Certo dia, apresentou-me uma gravação da Beyoncé. Em seguida, cantou a mesma música. No término, eu disse: "Giullia, você canta igual à Beyoncé ou até melhor que ela!". Surpresa, ela retrucou: "É mesmo, pai?". Respondi que sim. Dei confiança a ela para que adquirisse confiança em si mesma. Usei o mesmo conceito que meu pai usou comigo. Ele dizia que meu show de recitar os trinta doces vendia mais que ele. Sua estratégia era que eu me sentisse seguro, me valorizasse, me sentisse o máximo, tivesse segurança no que estava fazendo. Foi o que fiz com minha filha.

É preciso que os filhos aprendam a importância do confiar em si mesmos. É nesse confiar que os menos favorecidos se superam, os inaptos se tornam aptos, os ineficientes se tornam eficientes, os normais sobressaem e se tornam excepcionais. É no confiar em si mesmo que os filhos vão mais além, dão passos largos, persistem no que querem, insistem em seus ideais, abrem portas fechadas, tornam-se vendedores, cantores ou o que mais quiserem.

Descrevi dois tipos de confiar: no confiar em si próprio me tornei comerciante e vendedor; no confiar nas pessoas formei muitos sócios e criei milhares de amigos que trabalham comigo. Ambos os conceitos de confiança me ajudaram muito. Espero que isso possa servir de lição a você. Siga em frente e confie.

Exterior Muscles of the Fore Parts of the Body
SANTA CASA DE MISERICÓRDIA
S. PAULO

PERSISTIR

◀

Essa lâmina contém elementos que fazem referência à ciência da Medicina, como o bastão de Asclépio, a fachada da Santa Casa de Misericórdia de São Paulo e os estudos sobre o Códice Atlântico de Leonardo da Vinci. Os tons terrosos e os arcos se referem aos tijolos e à arquitetura, característicos do prédio da Santa Casa, que também simbolizam a materialização de um pensamento. Este capítulo retrata um período marcante na trajetória de Alberto Saraiva, ilustrando a época em que viveu e concretizou o grande sonho de se formar médico.

PERSISTIR, O VERBO MAIS DIFÍCIL

O terceiro verbo é persistir. Verbo de difícil prática. Privilégio de poucos. Entra em conflito com o verbo desistir. São antagônicos. Em situações diversas, escolhe-se um ou outro. Persistir e desistir não convivem, não andam de mãos dadas, não se dão bem, vivem se pegando na contrariedade.

Entre escolher um dos dois, muitos preferem o desistir, ainda que ele não traga bons resultados. É mais fácil, menos trabalhoso, menos encrenqueiro, menos problemático. Desiste-se e pronto! O persistir é mais complicado. Traz preocupações, trabalho dobrado, dificuldades maiores, busca incansável. Nas derrotas, as pessoas deixam-se levar pelo choro, pelo desespero, pelo fracasso, pela não continuidade, pelo abandono, pelo "deixa pra lá". Preferem desistir. Não persistem em seus desejos maiores. Por isso, digo que o verbo persistir é o mais difícil de praticar entre os 25 verbos escolhidos neste livro. É dele que vamos falar.

O persistir não é de todos; pertence àqueles que no tombo levantam-se e não se abatem. Nos naufrágios inesperados, é o persistir que não nos deixa afundar.

Persistir e desistir não convivem, não andam de mãos dadas, não se dão bem, vivem se pegando na contrariedade.

O problema do persistir é que necessitamos dele nos momentos de fraqueza, nos momentos frágeis, de situações ruins, de imprevistos inesperados, que surgem do nada e nos pegam de surpresa. Nesses

“É o persistir que nos acode, que nos sustenta, que nos mantém em pé. Nos naufrágios inesperados, é o persistir que não nos deixa afundar.”

momentos, a perda pode nos direcionar aos erros, à falta de continuidade, ao abandono, ao fracasso, à desistência. Por isso, desistimos e não persistimos.

Mas há que persistir. Assim como na natureza, as tempestades escuras dão lugar ao céu de brigadeiro e ao sol translúcido, assim também no persistir as lágrimas e o choro dão lugar aos sorrisos e às comemorações. No persistir, a felicidade que parece distante aproxima-se e recupera-se. Só o persistir é capaz.

Muitas vezes, somos surpreendidos por momentos difíceis. Nesses momentos, restam-nos duas opções: o persistir e o desistir, que estão próximos no instante inicial, mas distantes no resultado final. É como estar diante de uma estátua de braços abertos que indica dois caminhos. Seus pontos finais se distanciam no infinito. A escolha de um caminho inviabiliza o outro. Assim se dá com o persistir e o desistir. Seus resultados finais são opostos.

Em três situações cruciais passei por momentos difíceis e me vi diante dessa estátua de braços abertos. Eu tinha que escolher. E a escolha correta mudou minha trajetória. Um desses momentos, quero compartilhar com você. Quem sabe ele sirva de ajuda.

OS FRACASSOS DO VESTIBULAR

Passei minha infância e adolescência dizendo que queria ser médico. Meus pais apostavam que era a profissão mais bem escolhida do mundo. E diziam: “Médicos salvam as pessoas, estão sempre bonitos, vestem-se de branco, são inteligentes, dedicados. Todo mundo gosta dos médicos. E eles ainda ganham muito dinheiro”. A conversa era essa. Convenci-me, e desde criança queria porque queria ser médico.

Em 1970, com 17 anos, saí de Santo Antônio da Platina e parti para São Paulo. Objetivo principal: ser médico. Fui morar no bairro da Pompeia, na casa da minha tia Dora e do meu tio Joaquim, irmão de meu pai. Todos os dias, logo pela manhã,

“Aprendi que fracasso e persistência andam juntos e fazem parte de nossas vidas. Com o fracasso, aprendi a ser persistente e ter determinação.”

pegava dois ônibus para chegar ao cursinho Etapa, na rua Caio Prado, especializado em vestibulares para medicina. Depois, mais duas conduções para voltar. À tarde, passava horas e horas estudando as apostilas. À noite, ia para a Escola Estadual Jacomo Stávale, na Freguesia do Ó, onde cursava o terceiro colegial. Uma vida dura que poderia ser compensada com minha entrada em uma das cinco faculdades de Medicina para as quais eu prestaria vestibular.

No ano seguinte, mesmo depois de tanta dedicação, não consegui entrar em nenhuma das faculdades. Tristeza, muita tristeza. Pela primeira vez, pensei em desistir de ser médico. Entendi que ia ser difícil entrar na faculdade. A proporção de 106 candidatos para uma vaga me assustava. E eu havia ido mal no vestibular.

Meus pais mudaram-se para São Paulo e fui morar com eles. Antes que eu comunicasse meu desejo de desistir da medicina, meu pai me chamou de lado e disse: "Faça mais um ano de vestibular. Você vai entrar na faculdade". E emendou com uma frase que guardei para sempre: "Não desista, filho; é preciso caminhar. Você vai conseguir".

E emendou com uma frase que guardei para sempre: "Não desista, filho; é preciso caminhar. Você vai conseguir".

É o persistir que nos acode, que nos sustenta, que nos mantém em pé.

No segundo ano de vestibular, as chances eram maiores. Eu já havia conquistado o diploma do terceiro colegial. Agora, era somente o cursinho Objetivo, na avenida Paulista. Inscrevi-me em seis faculdades de Medicina. Passei o ano estudando. Sacrificava-me dia e noite. Não saía, só estudava. Pilhas e pilhas de apostilas. A pílula de Reativan se incumbia de não me deixar dormir. Eu tinha que passar no vestibular. No início do ano seguinte, veio o resultado. Não acreditei. Tomei pau em todas as seis faculdades que prestara.

Tristeza, choro, desânimo, abalo profundo. Depressivo por trinta dias, me recolhi no quarto, sem sair uma única vez. Não atendia ao telefone, não queria falar com ninguém. Estava difícil aceitar a derrota. Dias mais tarde, veio a convicção: "Vou desistir – não dá para mim. Por mais que eu queira, não vou conseguir. Tenho que trocar a medicina por outra profissão. Há muitas outras. Melhor desistir".

A PERSISTÊNCIA

Mas o que eu não sabia é que meu sonho de ser médico não era só meu. Era também do meu pai. Firme, ele foi até o meu quarto e repetiu a frase do ano anterior: "Não desista, filho; é preciso caminhar. Você vai conseguir". E emendou: "Faça mais um ano de vestibular". A bronca que eu achava que ia tomar do meu pai não veio, jamais existiu. Nesse episódio, aprendi a persistir!

Decidi seguir o conselho de meu pai. O cursinho escolhido foi o Pré-Médico, na rua da Consolação. O Reativan voltou a ser usado em dose maior. Determinadas matérias tinham de dez a quinze apostilas. Enquanto eu não as devorasse – todas –, não ia dormir. Tudo caminhava para dar certo. Estava esperançoso, ainda que receoso: as vagas eram poucas, a batalha era grande.

O final do ano chegou, e também um novo vestibular. Agora, em sete faculdades. Tinha que passar em alguma. Quando saíram os gabaritos das provas, fui conferir. Não acreditei. Havia alguma coisa errada. Surpreendi-me. Meu coração disparou. Incrível: nas 50 questões de Química, a média de acerto foi 21, acertei 45 questões. Nas 50 questões de Física, a média foi 17, acertei 41, e nas 50 de Biologia, acertei 43. Resultado final: das sete faculdades escolhidas, entrei em todas. Escolhi a Faculdade de Ciências Médicas da Santa Casa de São Paulo por ser um hospital-escola.

Tempos depois, papai foi comigo buscar os livros de Medicina que ganhei do cursinho por eu ter me classificado na primeira lista das mais conceituadas universidades. Vitória em dobro. Lá, com os livros na mão, disse a ele: "Você vai ter um filho médico. Obrigado por ter feito eu não desistir!".

Aprendi que fracasso e persistência andam juntos e fazem parte de nossas vidas. Com o fracasso, aprendi a ser persistente e ter determinação.

As tempestades escuras das reprovações deram lugar ao céu de brigadeiro e ao sol translúcido da aprovação no vestibular. Lágrimas e choro deram lugar aos sorrisos e às comemorações. A felicidade que parecia distante finalmente foi conquistada. Aprendi: persistir sempre, desistir jamais.

T
LIVRE
TOTAL
UT

CRER

◄

Fé, livre-arbítrio, escolhas e direções a seguir são aspirações relacionadas a um capítulo considerado divisor de águas na história pessoal de Alberto Saraiva: o "Táxi". Nesta obra, o selo de um anjo, no canto superior esquerdo, seguido pela letra T e a sugestão de um texto, representa uma mensagem vinda dos céus para todos, mas que só pode ser compreendida ou seguida pelos poucos que trazem a crença e a sensibilidade afloradas. A foto de Alberto, ainda criança, ajoelhado sob a imagem de Cristo e o terço reforçam a importância da fé e do diálogo com o sagrado. O elemento central é o taxímetro em que a palavra "Livre" aparece em destaque. Nota-se ainda a composição ao fundo, significando que nem sempre o caminho será fácil.

VOCÊ É AQUILO QUE VOCÊ CRÊ

Tive alguns pilares que me diferenciaram da curva normal. A fé foi um deles. Ainda criança, aprendi a crer. Aos 11 anos, acordava às 5 horas para ajudar na missa das 5h30. Eu era coroinha. Havia a missa das 6h30, mas estava ocupada por meninos mais velhos. Antes de as portas da igreja se abrirem, lá estava eu. Escondia-me do frio intenso e do vento cortante atrás da coluna roliça, poderosa, que saía do chão e parecia se dirigir ao céu, até a altura que eu não conseguia enxergar. Desde a infância, aprendi a crer que existe um Deus e que seu filho, Jesus Cristo, veio ao mundo para perdoar nossos pecados. Simples assim, sem a complexidade dos que não creem e a tudo questionam. É desse crer que vou falar. Quem sabe ele possa ajudar você a construir sua vida.

Ao que crê é dada a esperança do perdão; ao descrente, há que buscá-lo em algum outro lugar. Na promessa do perdão, já nos vale o crer.

Ao homem que se contamina com a radioatividade não lhe é dada a segunda chance de viver. No crer do perdão, isso ocorre.

O que seria de nós se não tivéssemos o perdão dos pecados e eles se acumulassem como entulhos e tivéssemos que guardá-los para sempre?

Aquele que crê se situa na frente do que não crê.

> Você é aquilo que você crê.

No amor a Deus, o que crê encontra o caminho de fé que o leva a ser um

“Ao que crê é dada a esperança do perdão; ao descrente há que buscá-lo em algum outro lugar. Na promessa do perdão, já nos vale o crer.”

homem com mais dignidade no seu íntimo e na convivência com o próximo. Quando erra, tem a chance de ser perdoado.

E você, no que acredita? No nada? Converta-se naquele que tudo pode e na fé que traz aquilo que deseja. É esse crer que pode ajudá-lo a construir sua vida. Ou, se preferir, quando vier o dia final, morra com os entulhos que produziu em todo o existir. Melhor não. Melhor crer. Assim, obtém o perdão Dele e de seu próprio coração.

VIVÊNCIAS COM DEUS – EXPERIMENTE!

Depois de ser coroinha, meu próximo passo era ser padre. No entanto, os questionamentos de minha mãe abalaram meu crer; não o meu crer em Deus, mas o meu crer em ser padre. No sermão da missa, o vigário Guilherme deu o recado de que as mães não podem interferir na vontade de Deus. Não adiantou. Ser padre não era a vontade de Deus.

Aos 12 anos, tive uma experiência espiritual com Maria, a mãe de Jesus. No mês de maio, eu era Francisco, um dos três pastorinhos que rezavam o terço em voz alta, puxando o coro dos fiéis que iam à igreja rezar. Fazia isso todas as noites, às 19h30. Minha crença ficou ainda maior. Faltava-me a figura da mãe. Identifiquei-me e aprendi a amar a Maria, mãe de Jesus Cristo. Tornei-me ainda mais poderoso no crer e na fé.

Por vezes, a fé e o crer confundem-se. Nem sei distingui-los. Mas para que diferenciá-los? Prefiro tê-los juntos a mim a analisá-los, questioná-los, me encher de dúvidas e perdê-los. Simples assim.

Foram esses acontecimentos que me aproximaram de Deus e me ajudaram a crer no poder Dele. Quando Nele se crê, nos tornamos outra pessoa, nos humanizamos, somos mais confiantes, mais fortes, conquistamos o que queremos, buscamos nossos sonhos. O crer em Deus atua fortemente e faz surgir coisas boas em nosso dia a dia. No crer, encontramos a mulher que sonhamos para nossa esposa; os filhos tornam-se fiéis e convivem conosco; a força interna que temos triplica; o impossível fica mais próximo. O crer, sustentado pela fé, pode ajudar a construir nossa vida. Aos descrentes é difícil acreditar nisso, porque se fixam no explicar da razão e a tudo questionam. Particularmente, prefiro deixar os questionamentos para os intelectuais, os teólogos, os cientistas e os pagãos. Afinal, é preferível ser um deles e viver sempre tentando explicar ou ser outra pessoa e viver na simplicidade do crer?

Meu querido leitor, você não pode imaginar o poder que adquiro quando, em meu quarto, diante de Deus, faço minha oração e lhe digo: "Ó Senhor, você é meu Deus, criador do céu e da Terra. Coloco-me aos seus pés, Senhor, no reconhecimento de ser seu filho que O ama, levando o mesmo ensinamento a todos os meus filhos para que eles também O amem e tenham o mesmo privilégio de poder falar consigo e orar. Abençoa-nos, Senhor".

É preferível a reflexão a Deus que o vazio de sua ausência.

Meu querido leitor, sem Deus tudo fica mais difícil. A quem você recorre quando um mal incomoda? Quando se descontrola, se perde e não sabe para onde ir? Quando a doença se fixa naquele que você ama de paixão? Onde você busca a energia e a crença de que tudo se resolverá?

Há um Deus que está com você nessas horas. Com Ele, você pode compartilhar suas súplicas e Nele se confortar. Com Ele, você reage às adversidades, levanta e se recupera. Experimente ter essa experiência com Deus. Descubra o poder de tê-Lo com você. Isso vai ajudá-lo a construir a sua vida.

A história de crença a seguir mudou meu cotidiano. Nela, um pequeno fato ocorrido poderia ter passado em branco, sem significado algum. Aos descrentes, isso teria ocorrido. O crer me salvou na fé, a fé mudou meu caminho. Muitos táxis da cidade já foram pegos na rua, mas nenhum se fez presente numa história como essa. Vamos à história do taxista.

A TRAGÉDIA MAIOR

Início de agosto de 1973. Eu cursava o primeiro ano da Faculdade de Medicina da Santa Casa. Estávamos todos bem. Papai andava feliz. Havia conseguido dar o sinal da compra de uma padaria, no Belenzinho, Zona Leste de São Paulo. As sessenta prestações da compra seriam pagas com o resultado do próprio negócio. Seu plano era esse.

Domingo, 19 de agosto de 1973, 16 horas. Fui levar papai à padaria para trabalhar. Naquele dia, ele havia trocado o turno de trabalho – para a noite – com seu sócio Lourival, que tinha um casamento. O Opala verde ficaria comigo para que eu pudesse dar umas voltas com os amigos à noite. Eu acabara de completar 20 anos.

> Ao homem que se contamina com a radioatividade não lhe é dada a segunda chance de viver. No crer do perdão, isso ocorre.

No final da noite fui buscar meu pai. A padaria estava com as portas abertas pela metade. O vizinho amigo, cliente da padaria, correu ao meu encontro desesperado. Assustado, pálido e todo atrapalhado, avisou-me que a padaria acabara de ser assaltada por dois bandidos e que meu pai fora baleado e conduzido para o Hospital Municipal do Tatuapé. Papai tinha tentado salvar o pouco dinheiro que havia no caixa quando um dos bandidos foi para trás do balcão. Papai dominou-o e colocou-o no chão. Mas havia o comparsa, que apareceu do nada, e, sem piedade, disparou tiros à queima-roupa, ferindo-o gravemente.

Corri para o hospital na tentativa de socorrê-lo e ver como poderia ajudá-lo. No caminho, a uma velocidade insana, veio a mistura de desespero pela situação com a revolta pela forma brutal como os bandidos agiram, o inconformismo por meu pai ter reagido, e as preces ditas em voz alta na tentativa de que Deus as ouvisse.

De nada adiantou. Quando cheguei lá, meu pai estava morto, estendido numa maca, sem vida. O mundo desabou. Nem ao menos pude me despedir dele. Perdi a pessoa que mais amava, aquele que estava sempre comigo, que me tratava com amor e carinho, que me apoiava em tudo que eu queria, que me ensinara a crer, que entendia minhas fraquezas e me encorajava a uma trajetória mais digna. Perdi meu ídolo, minhas crenças, meus diferenciais, meus sonhos, perdi minha fé e meu crer em Deus e em Jesus Cristo.

Não entendi como Deus havia permitido que essa tragédia ocorresse comigo, justo eu que O amava tanto e Nele acreditava. Havia servido a Ele nas missas das madrugadas, crido na fé inabalável do terço rezado no mês de maio. Falava com Jesus Cristo todos os dias. Ele era meu amigo, meu pai, meu irmão, minha paixão. Eu O adorava e O amava. Dizia sempre: "Jesus, sei que muitos o amam, mas não mais do que eu. Você é meu pai e meu protetor. Abençoa a mim e a minha família. Protege-nos a todos". Revoltei-me com Jesus pelo ocorrido. A dor da perda era profunda. A mágoa dominava meu coração. Tornei-me descrente em tudo o que havia acreditado em meus 20 anos.

DOR ALUCINANTE

Passei a madrugada aos prantos. No outro dia, ao amanhecer, fui obrigado a ir ao Instituto Médico Legal (IML) reconhecer meu pai. Cena horrível. Lá estava seu corpo deitado em um sono infinito, que não respondia ao meu choro alto e alucinante. Não havia respostas aos meus gritos e súplicas. Restou-me somente pegar suas mãos, que estavam geladas, e beijar seu rosto sereno, mas sem expressão. A morte havia se instalado sem nada explicar. Jesus me abandonara. A revolta se multiplicou em meu coração.

No dia seguinte, enterrei meu pai. A dor mais pontiaguda que já senti. Aquele que havia me ensinado a acreditar, confiar, persistir e crer havia partido. Foi guardado num túmulo de pedra, gelado e frio. Partir da vida, daquela forma, era incompreensível e inaceitável. As flores ficaram, e nós fomos embora. Restariam somente as lembranças, as histórias aprendidas e o amor, que perdura até hoje.

CONTINUIDADE OBRIGATÓRIA – A PIOR PADARIA DO MUNDO

No segundo dia, lá estava eu na padaria. Fui trabalhar. Os furos de tiros no balcão confirmavam o que havia ocorrido. A padaria era o que tínhamos. Como filho mais velho, competia a mim dar prosseguimento ao sustento da família, de meus dois irmãos mais novos, Belchior e Edina, e da minha mãe, Júlia.

Era a pior padaria do mundo. Mal localizada, estava cercada por outras cinco padarias. Não havia como os clientes chegarem a ela sem passar pelos concorrentes. Era velha, ultrapassada. Seus equipamentos eram da arca de Noé. O forno a lenha costumava apagar durante as fornadas de pão. Numa dessas ocasiões, queimei meu cabelo e minhas sobrancelhas ao tentar reacender o forno com um litro de álcool que joguei na fornalha. As brasas restantes foram suficientes para criar uma explosão.

A padaria não tinha esquema algum. Funcionários qualificados, nem pensar. Lembro-me do padeiro, Manezinho, que, quando cismava, largava tudo de madrugada para ver se sua mulher o estava traindo. Quantas e quantas vezes eu chegava na madrugada para abrir a padaria e não havia pães feitos. Quanta vergonha eu passava quando meus clientes me viam entrando pelos fundos com cestas de pães fabricados nos concorrentes.

"O que seria de nós se não tivéssemos o perdão dos pecados e eles se acumulassem como entulhos e tivéssemos que guardá-los para sempre?"

O dia a dia estava difícil demais. Havia trancado a matrícula na Santa Casa. Não tinha como fazer o curso de Medicina. Não havia tempo para isso, muito menos dinheiro; e ainda havia as prestações da padaria do credor Matias a serem pagas. Matias me visitava todos os dias para saber como andava a situação e se seu crédito seria pago ou perdido. A única coisa que Matias não queria era que eu devolvesse a padaria para ele.

Eu estava sem capital de giro para tocar o negócio, não havia dinheiro algum. O fundo de caixa estava zerado e havia dívidas. Fui até meu tio Joaquim – irmão de meu pai – tentar algum valor de empréstimo. Ele foi decisivo e enfático: "Ajudo no que precisar com a família e os estudos. Você precisa retornar à faculdade. Para a padaria, não empresto um centavo. Qualquer dinheiro que você colocar ali será perdido. Estive lá e analisei. Aquilo não vale nada".

Saí da visita ao meu tio triste, melancólico e desanimado. A vida se complicava cada vez mais. Numa das madrugadas, o fusquinha emprestado, dirigido por meu irmão Belchior, capotou no largo do Belém ao ir buscar um padeiro para substituir Manezinho, que estava à procura da mulher. O susto foi grande, mas nada de grave ocorreu. Ao saltar de um saco de farinha para outro, torci meu pé. Andava de muleta, engessado. A empregada de casa – Glorinha –, que acabara de chegar do interior, num ato incompreensível e sem qualquer nexo resolveu ligar as chaves do nosso Opala verde e o enfiou bem no meio do carro de luxo do advogado vizinho. Acabou com toda a lateral do Galaxie. A situação financeira era desesperadora. E a padaria minguava com poucos clientes, sem movimento.

Matias agora já não se incomodava se não recebesse seu crédito. Ao ver minha luta, meu trabalho incansável, meu esforço, minha perseverança, minha permanência ali todos os dias, abrindo e fechando a padaria, dizia-me: "Não se preocupe, você me paga quando puder, e se puder".

O TAXISTA

A situação era insuportável. Foi quando, decididamente, resolvi desistir. Numa das madrugadas, peguei um táxi em direção à padaria. No caminho, sem saber o porquê, resolvi desabafar com o taxista, um senhor que aparentava idade e a quem nunca tinha visto antes. Falei sobre as dificuldades pelas quais passava. Ao chegarmos, finalizei: "Hoje vai ser meu último dia na padaria. A partir de amanhã, vou fechá-la". Surpreendentemente, o senhor olhou em meus olhos e me disse: "Não desista, filho; é preciso caminhar. Você vai conseguir". Eram exatamente as mesmas palavras que meu pai vivia repetindo na época dos fracassos do vestibular. Minhas pernas tremularam, minha voz emudeceu. Na crença espiritual que restava em meu coração, acreditei fielmente que aquelas palavras do taxista eram uma mensagem do meu pai enviada por Deus. Eu deveria continuar a acreditar, a confiar, a persistir, a crer, a não desistir. Foi o que fiz.

"Não desista, filho; é preciso caminhar. Você vai conseguir."

Desci do táxi, abri as portas e fui para dentro da padaria. Ajoelhado com os cotovelos no chão, chorei por minutos e pedi perdão a Deus pela revolta que carregava em meu coração. Minha crença em Deus reviveu. Meu amor a Jesus Cristo retornou. Na oração, pedi a Ele, com fervor, que me ajudasse e me indicasse um caminho para vencer. Foi quando resolvi dar um basta em todos os males que estavam ocorrendo. Encorajei-me; fui para a parte industrial da padaria e, em pouco tempo, virei padeiro. Esperançoso, agora dominava a padaria e passei a acreditar que algo de bom e novo ia acontecer em minha vida. Estava à espera de que Deus me atendesse e me desse alguma ideia.

A FÓRMULA MÁGICA

Num determinado dia, recebi a visita de um patrício amigo chamado Pires, que também tinha uma padaria. Pires passou o

“Não desista, filho;
é preciso caminhar.
Você vai conseguir.”

tempo todo reclamando do governo federal, que havia tabelado o pão. Disse-me: "Ó Alberto, estamos fodidos, os preços tabelados não dão lucro. O que vamos fazer?". Aquela conversa ficou em minha cabeça. Mexeu com meu subconsciente e inspirou o meu sono da noite. Eu precisava de clientes e não parava de pensar em como conquistá-los e trazê-los à padaria. Foi então que surgiu uma ideia.

De início, a ideia parecia loucura, inaplicável, mas era a alternativa que eu tinha. Coloquei o preço dos pãezinhos 30% mais barato que o da tabela do governo, e, na compra de dez pãezinhos, o cliente levava doze.

Vender pães com preços abaixo da tabela era algo inacreditável, inédito. O sindicato das padarias estava em guerra com o governo federal, demostrando que o preço tabelado não dava lucro, não pagava os custos das matérias-primas e da mão de obra. A ideia de colocar o preço 30% mais barato era incompreensível para todos, menos para mim e para os clientes do Belenzinho, que começaram a surgir de todas as partes. Eles passavam pelas outras cinco padarias concorrentes e vinham à minha comprar meus pães.

Certo dia, surgiu na porta da padaria um cliente desconhecido: o padeiro de rua. Padeiro de rua é aquele indivíduo que compra os pães e os revende a bares, botecos, restaurantes, condomínios de luxo. Padeiros de rua não compram alguns pãezinhos, compram dezenas, centenas, milhares. Foi aí que tudo mudou! Passei a ter muitos padeiros de rua na porta da minha padaria. Eu vendia milhares de pães, que saíam quentinhos a toda hora. De meio saco de farinha de trigo, passei a desmanchar cinco sacos de cinquenta quilos por dia para fazer os pães. Tive que contratar novos padeiros e, como eu sabia fazer pães, eu mesmo os comandava. Já não precisava do "corno" do Manezinho. Foi então que tudo mudou: da pior padaria passei a ter a melhor. Com a descoberta da fórmula mágica, virei o jogo.

Tempos depois, as prestações em atraso do Matias foram quitadas, e me transformei em seu ídolo. Para o Matias, era Deus no céu e eu na Terra. Sentado na banqueta do balcão do café, Matias via a padaria lotada de clientes, fila no caixa para pagar, e isso o realizava, o deixava feliz. Vibrava comigo, todos os dias. De credor, tornou-se um dos meus grandes amigos. Um dia, com lágrimas nos olhos e vendo a padaria lotada, me disse: "Deus levou seu pai, mas fez de você um grande homem. Orei muitas vezes por você".

Meses depois, vendi a padaria. O preço foi tão bom que foi preciso reunir quatro compradores. No ano seguinte, voltei a estudar na Santa Casa; afinal, havia um sonho a ser realizado.

Nesse episódio, o crer me manteve em pé, firme, diante de grandes dificuldades; o crer me fez descobrir a fórmula mágica de vender barato, e isso me levaria a sonhos ainda maiores. O crer mudaria meu caminho pessoal e profissional de servir as pessoas não as curando, mas as alimentando; e não algumas, mas milhares delas. Crer: um bom verbo que pode ajudar você a construir a sua vida.

SEGVNDA PARTE
EL INGENIOSO
CAVALLERO DON
QVIXOTE DE LA
MANCHA.
Não podemos deixar de Sonhar. Temos que viver sonhando Carregue seu sonho para onde fôr, fixe-o Determine-o ao seu pensamento. Determine que você está preparado para receber sabedoria e assimilar princípios e receber a Luz que o guiará para a felicidade. Aprenda a Cultivar este hábito. Não depende de ninguém, Depende de cada um de nós, faça a sua parte: Sonhe.

SONHAR

◄

O surreal e o fantástico são a base do tema, em que figuras aladas povoam toda a composição e dialogam com personagens reais e fictícios, famosos por seus sonhos, com destaque para a figura de Santos Dumont e uma página de Dom Quixote. O texto central, retirado de um livro escrito por Alberto Saraiva, incentiva a sonharmos. O exemplar tem tratamento tipográfico para se assemelhar à página de um livro medieval, reforçando a ideia de uma época em que o real e o imaginário faziam parte do cotidiano. Nota-se ainda a grande quantidade de asas presentes nas borboletas, nos cisnes da tapeçaria de fundo, nas mulheres, nascendo nos homens e as do próprio avião, numa alusão a "permitir-se voar", como naquele sonho que todos um dia tivemos.

SONHAR TRAZ O EXTRAORDINÁRIO

Há que ocorrer sonhos para que coisas distantes se aproximem. Sonhos alteram fatos e circunstâncias; é assim que fazem o impossível se realizar.

Na consciência há coisas que podem ser realizadas, outras, não. As que não podem, dizemos ser impossíveis. Há algo em nossa mente que chamo de "consciência proibitiva" – ela vive a minar a força do extraordinário e a nos mostrar as dificuldades que moldam o impossível, deixando claro o quão distante ele está. Cabe aos sonhos destruir essa consciência.

Sonhar é a maneira de imaginar e se aproximar das coisas impossíveis. Sua qualidade maior é o acreditar. No sonhar, o impossível se desenvolve como se assim não o fosse. Na força do querer e do crer, o impossível sai do imaginário, torna-se realidade e cria o extraordinário.

O sonhar não se limita, avança para onde não se espera; não desiste, está sempre à procura; tem o poder de persistir até que o extraordinário se concretize. O sonhar faz brotar forças incríveis, quebra regras, destrói a consciência proibitiva. O sonhar foge das teorias precisas, derruba estudos experientes. Nele, a matemática tem desvios, e o incompreensível pode ser compreendido. No sonhar, tudo é possível.

Sonhar é a maneira de imaginar e se aproximar das coisas impossíveis.

Sonhe e não se limite a sonhos pequenos.

“Há que ocorrer sonhos para que coisas distantes se aproximem. Sonhos alteram fatos e circunstâncias; é assim que fazem o impossível se realizar.”

Cuidado com o racional, ele pode inibir os sonhos.

No racional, desenvolvi minha vida, mas nunca deixei de sonhar. Intercalei o racional com sonhos grandiosos. É preciso saber lidar com o racional. Ele tem a "consciência proibitiva", que pode inibir o viajar dos sonhos. Nele, voos distantes são proibidos, você tem que estar sempre a passos curtos, não pode voar.

No racional, os cálculos inibem contas maiores, os constantes traços curtos de pequenas coisas dominam os longos mais raros de grandes conquistas. No racional, os desafios analisados podam você, inibem os grandes desejos. Cuidado, não se afaste dos sonhos.

AULA DE ANATOMIA

Janeiro de 1973. Finalmente, depois de três anos prestando vestibular, consegui entrar na universidade dos meus sonhos – Faculdade de Ciências Médicas da Santa Casa de São Paulo, décima primeira turma.

Cursava o primeiro ano. E adorava! Exceção feita às aulas de Anatomia, em que reinava o cheiro insuportável de formol, necessário para a conservação de cadáveres, espalhados pelas trinta mesas de aço inox da sala de aula, localizada no subsolo da Santa Casa. Esse foi meu primeiro questionamento.

Deixava-me angustiado ver os corpos de forma anatômica, desassociados da vida que antes tiveram. Não havia pensado na morte daquela forma. Isso me criava uma dúvida existencial. Fiquei chocado.

Mas estávamos estudando aqueles corpos para um dia ajudarmos as pessoas. Essa missão passava pelos estudos de identificar, um a um, músculos, nervos, órgãos e toda a complexidade do corpo humano naqueles indigentes que, de forma involuntária, prestavam um serviço para ajudar na formação de uma profissão nobre e necessária à humanidade.

O ambiente era sério. Exceção feita à mesa de anatomia,

onde estava Bernardão, que ganhou esse apelido por causa do tamanho do órgão que estava entre suas pernas, um pênis cavernoso e avantajado, um verdadeiro "pé de mesa".

O dr. Aidar era o professor, médico catedrático que, em sua seriedade pacífica de pai e instrutor, comandava o Departamento de Anatomia e Fisiologia. Pequeno na estatura, mas enorme na sabedoria. Tempos mais tarde, seria ele quem me atenderia, quando tive dificuldade em pagar as mensalidades, que posteriormente seriam quitadas.

O TROTE INESQUECÍVEL

Veio o primeiro dia de trote nos calouros. Minha cabeça foi logo raspada. Descobri que desconhecia o formato dela. Era algo no mínimo estranho. Os trotes prosseguiram nos dias seguintes.

A aula inaugural foi sobre reprodução canina, numa sala enorme e pomposa que mostrava o *status* da profissão escolhida. Ao tocar a campainha, três médicos vestidos de branco, com jalecos impecáveis, entraram na sala e seriamente disseram bom-dia. Junto com eles havia mais dez médicos, que foram para o fundo da classe. Iniciou-se a aula. Os calouros retardatários tiveram de dizer seus nomes e prometer que esse descuido jamais se repetiria. Pensei comigo: a coisa é séria mesmo.

O ambiente era tenso, e todos os cem alunos estavam a postos com caderno e caneta na mão. O foco principal da aula era por que o macho e a fêmea se engatavam no ato sexual e não conseguiam se desprender. Discutia-se o tamanho dos órgãos sexuais, os efeitos hormonais, o poder de atração do cheiro, os tipos de raças e até a fidelidade canina. Era a primeira aula, portanto estávamos assustados, tudo era novidade.

Perguntas idiotas sobre o tema eram feitas pelos calouros, e não sabíamos se dávamos risadas ou se ficávamos sérios com as banalidades sexuais que eram ditas sobre o engate insistente.

Em determinado momento, o professor escreveu na lousa uma fórmula matemática que calculava o tempo de engate entre os cachorros, que envolvia o tamanho dos órgãos, o percentual hormonal, o volume dos gemidos dos cães. Os alunos tentavam resolver, mas não conseguiam. Os três professores jamais deram um único sorriso. O que não sabíamos é que aqueles professores catedráticos eram estudantes do sexto ano da faculdade, verdadeiros gozadores. Tudo aquilo era uma encenação, uma aula-trote que acontecia todos os anos. Jamais me esqueci das gargalhadas finais dos dez convidados do sexto ano, que assistiam a tudo no fundo da sala de aula. Um dos amigos calouros, ao fazer uma pergunta imbecil, ganhou por alguns anos o apelido de "Lulu", o nome do cão que engatava nas cadelas.

> Sonhe e não se limite a sonhos pequenos.

Havia ainda o "uniforme" que éramos obrigados a usar para poder assistir às aulas: bermuda com suspensórios, camiseta branca tipo Hering, meias brancas compridas de futebol e sandálias Havaianas – um horror. Mas era assim que tínhamos de ir, ou não assistíamos às aulas: eu, o Tcheco, o Fernando Fernandes, o Butori, amigos íntimos que haviam feito o cursinho para o vestibular comigo.

Num primeiro momento, passar pelos trotes foi um grande incômodo. Mais tarde, descobri sua importância: ele une os calouros, faz que todos se conheçam, aproxima as cem pessoas estreantes, dá integridade à turma, que fica para sempre. A vida me faria uma surpresa: eu passaria por três turmas, a décima primeira, na qual entrei, a décima segunda e a décima terceira.

MATRÍCULA TRANCADA

Cursava o primeiro ano da faculdade, e tudo corria bem. Eu era um aluno aplicado e estudioso. Minhas primeiras notas foram excelentes. Não me incomodava com a grossura dos livros intermináveis nem com o fato de ter pouco tempo, porque não saía nem me divertia. Estava em busca do meu sonho maior: ser médico.

Subitamente, tudo mudou. A tragédia na padaria foi a causa. Num dia, eu tinha meu pai; no outro, o havia perdido. Tive que trancar a matrícula na faculdade para tocar a padaria. A dedicação e as horas de trabalho não me permitiam continuar a estudar. Era agosto de 1973. Um pena, pois faltavam apenas quatro meses para terminar o primeiro ano da faculdade. Meus cem amigos calouros foram para o segundo ano do curso, e eu fiquei para trás.

O RETORNO À FACULDADE

Passou-se algum tempo e consegui vender a padaria. O sonho de ser médico tinha que ser conquistado: iniciei, novamente, o primeiro ano da faculdade, agora com a décima segunda turma. Eram cem novos calouros, e eu desconhecia todos eles.

A sensação era de vazio e tristeza, muita tristeza. Havia deixado meus amigos calouros. Reencontrava-os pelos corredores da Santa Casa, e eles largavam tudo para vir conversar comigo. Acolhiam-me com carinho. Depois, lamentavam-se e me faziam relembrar o ocorrido com meu pai. Eu não me deixava abater. Levantava a cabeça e mudava o assunto. Dava um abraço forte em cada um e seguia em frente.

Ao entrar na primeira aula inaugural com os novos alunos da décima segunda turma, todos estavam carecas, menos eu. Senti-me fora do ninho, um estranho. Olhavam-me com indiferença. Achavam que eu era repetente. Não conhecia ninguém. Todos estavam se entrosando, menos eu. Perguntei-me o que estava fazendo ali no meio de tantos desconhecidos. Tive vontade de ir embora.

Mas algo divertido ia acontecer. A tal aula inaugural de banalidades sexuais da raça canina ia ter início. Estava assistindo-a pela segunda vez. Ao ver os calouros compenetrados e interessados, fazendo perguntas sobre as idiotices do engate sexual canino, um sorriso brotou em meu rosto. Pela primeira vez, senti algo alegre na nova turma que estava conhecendo. Disfarcei. Afinal, o ambiente era de seriedade total, todos estavam compenetrados na aula. Futuros médicos discutiam por que o engate durava horas e horas. No final, explodiram as gargalhadas, e um novo calouro foi apelidado de "Thor", o nome do cachorro engatador.

Tudo se repetia. Vieram as aulas de Anatomia, fiz novas amizades com os calouros. O dr. Aidar lamentou o que havia acontecido comigo, deu-me as boas vindas e um forte abraço de amigo. Eu já havia passado pelas aulas de Anatomia e feito as provas sobre aqueles temas ensinados. Sabia mais que os novos colegas. Ajudava-os no que podia. Expliquei, até mesmo, o porquê do nome Bernardão. E assim fui me entrosando.

TRANQUEI NOVAMENTE A MATRÍCULA

Mas essas amizades não tiveram tempo de se aprofundar. Fiquei com a décima segunda turma no primeiro e no segundo ano da faculdade. Quando ia cursar o terceiro ano, em 1976, tranquei novamente a matrícula. Agora por um bom motivo: queria colocar em prática um novo negócio comercial que criara. Queria aproveitar aquele ano para acertar meu histórico comercial e financeiro.

Com a venda da padaria, havia conseguido um bom dinheiro e tinha a ideia de implantar um novo negócio. Para isso, precisava trancar a matrícula novamente. O curso de Medicina era puxado e em período integral, não dava para trabalhar e estudar ao mesmo tempo.

Sabia que corria o risco de não voltar à faculdade, já que teria que passar mais uma vez por cem novos desconhecidos. Era desmotivador. O risco de abandonar os estudos era enorme, mas procurei motivação na ideia comercial que tive. Fui a ela.

“O sonhar não se limita, avança onde não pode; não desiste, está sempre à procura. O sonhar faz brotar forças incríveis, quebra regras, destrói a consciência proibitiva. Sonhe!”

Montei a Casa do Pastel. Vendia seis tipos de pastel a preços extremamente baratos. A loja vivia apinhada. Dei-me bem. Depois de alguns meses, recebi uma proposta irrecusável de venda. Era muito dinheiro. Vendi a Casa do Pastel e retornei ao terceiro ano da faculdade – na décima terceira turma da Santa Casa.

A sensação de vazio e tristeza se repetiu. Pela terceira vez, eu estava diante de cem desconhecidos. Pelos corredores, reencontrava os duzentos amigos das duas turmas anteriores. Tornei-me o aluno mais conhecido da Santa Casa. Além disso, não havia um único professor que não soubesse o que havia acontecido comigo. Aquela situação era diferenciada e me ajudaria nos anos seguintes.

Fui para o quarto ano – faltavam dois para terminar o curso de Medicina. Nessa época, eu estava picado pelo sucesso do negócio que havia criado, a tal Casa do Pastel. O dinheiro ganho na venda me deu fôlego para o sustento de minha família. E ainda havia uma boa reserva na caderneta de poupança que abri na Crefisul, em Guarulhos.

Nessa época, um problema me incomodava: eu tinha ideias comerciais criativas e não podia colocá-las em prática. Eu não era feliz somente estudando medicina, queria fazer algo no comércio. Não podia trancar a faculdade novamente. Sacrifiquei-me ainda mais e fiz as duas coisas: continuei com meu sonho de ser médico e coloquei em prática o novo negócio que tinha em mente. Foi assim que montei a Casa do Nhoque, na qual vendia um prato de nhoque mais barato que o bauru do boteco ao lado. Não deu outra: fila de clientes na porta todos os dias. Meses depois de inaugurada, vendi a Casa do Nhoque. Eu tinha que continuar meus estudos.

DEMOROU MAS CONSEGUI – CRM 41.683

Era 1980. Cursava o sexto ano da faculdade de medicina, a décima terceira turma. Meus estudos não iam bem. Não tinha tempo de me dedicar. Esforçava-me ao máximo, mas as ideias de comércio vitoriosas me consumiam. Eu montava o negócio e o corretor André vendia. As provas na faculdade eram terríveis. Na véspera delas, passava madrugadas debruçado nos livros com o intuito de atingir ao menos a nota que me permitisse continuar no curso. E ainda existiam os plantões no pronto-socorro da Santa Casa. Andava sempre cansado, esgotado, com sono. Não tinha tempo de dormir.

Ao mesmo tempo, eu tinha os amigos da faculdade e os professores que me conheciam. Os médicos residentes, a quem eu era subordinado no sexto ano, eram os mesmos amigos que haviam estudado comigo nas duas turmas anteriores. Haviam sido calouros comigo. Eles faziam parte da minha vida, presenciaram minha luta, foram testemunhas da minha história. No sexto ano, eles me ajudaram muito, faziam de tudo para facilitar meu dia a dia, cobriam meus plantões e minhas visitas aos pacientes, me davam dicas dos principais temas que cairiam nos exames.

Foi nesse ano que coloquei em prática uma nova ideia comercial, A Casa da Pizza Rodízio, cuja missão era servir quantos pedaços de pizza os clientes conseguissem comer por um preço único. Era extremamente barato. Foi o maior sucesso comercial entre todos os que havia criado até então.

Meus plantões na Santa Casa eram os mais comentados da faculdade. Até hoje se fala deles. Em horário predeterminado, meia-noite, nos reuníamos para o rodízio de pizza que eu fazia no salão conjugado ao pronto-socorro. Toninho, meu primo e sócio, era o encarregado de trazer as pizzas de diversos sabores para servir a todos. Nesse horário, estavam todos com fome. Parecia que a vida estava me recompensando com momentos de alegria, ao lado dos amigos das três turmas pelas quais eu passara, como se estivesse comemorando as idas e vindas dos oito anos na faculdade.

Num desses plantões, Tcheco, meu amigo da primeira turma, então meu residente, três anos na frente, deu-me um abraço emocionado e me disse: "Valeu, Portuga: seu pai deve estar feliz". Ele havia ido ao velório e ficado ao meu lado por todo o tempo.

O curso de Medicina chegara ao fim. Em dezembro de 1980, no Palácio das Convenções do Anhembi, recebi das mãos do meu professor Aidar o diploma de médico, CRM 41.683. Meu sonho, finalmente, foi realizado. E o do meu pai também. Pena que ele não pôde ver. Meu tio Joaquim, na plateia, aplaudia chorando. Eu havia feito o que ele pedira: retornar à faculdade. Mas havia salvado a padaria, que ele desacreditara e me pedira para abandonar.

A história contada demonstra a força que temos quando sonhamos. O sonho de ser médico foi colocado em teste. Por duas vezes, deixei duas turmas de amigos para trás. Senti-me desentrosado, fora do ninho. Perdi a sequência dos estudos. Trabalhei feito louco, mesmo cursando medicina em período integral. Nada derrotou meu sonho. Eu não queria ser médico, eu sonhava em ser médico. Isso fez toda a diferença.

Em 2012, vinte e dois anos depois, retornei à Santa Casa. Na época, para receber o diploma de Irmão Benfeitor por causa da ajuda que havia oferecido. A última foi a reforma e a compra de equipamentos para o Departamento de Oftalmologia, que permitiu, em noventa dias, operar crianças estrábicas que estavam numa fila de até cinco anos de espera para realizar a cirurgia. As mensalidades da faculdade em atraso, aliviadas pelo meu querido professor Aidar, me fizeram generoso na arte de ajudar. Nada fiz demais, apenas retribuí o auxílio que me foi dado nos oito anos em que estive por lá. Sonhar me fez terminar o curso de Medicina. Sem sonho, jamais o teria conquistado. Sonhar – um dos verbos mais importantes para construir nossas vidas.

Tudo é possível
AMIGOS E BONS RELACIONAMENTOS. TENHA-OS.
ELES PODEM TE FAZER BEM.
SURGE O NOME, O LOGO E A PRIMEIRA LOJA HABIB'S.
HABIB'S

CRIAR

◀

A figura central da tesoura está relacionada ao próprio ato de criar e montar. Ao mesmo tempo, o cortar da fita remete ao nascimento da primeira loja Habib's, aqui representada pela foto superior, pela grande letra H central e pelas cores vermelho e amarelo. Fotos das primeiras lojas e páginas do livro Os mandamentos da lucratividade *– em que a história da inauguração é contada – fazem parte da composição. O destaque é dado para a letra, que recebeu textura especial a fim de realçar seu volume e, principalmente, lhe conferir a materialidade de uma parede sólida, uma vez que o tema é, em síntese, a construção. A frase "Tudo é possível", em destaque, representa a crença do fundador.*

CRIAR PODE SAIR DO NADA

O que dá certo não é o nome ou o tipo de negócio, mas o conceito que o envolve.

Criar não é tão difícil. Basta ousar e acreditar. Se houver predisposição, criar brota do nada. Basta estar aberto a ele e não lhe impor barreiras.

Não há que temer o resultado da obra – se ela terá valor ou não. Van Gogh não imaginava as cifras que atingiriam seus quadros. Não era isso o que o inspirava. Ele criou e pintou. Não somos nós que julgamos nossas criações, são as pessoas de fora. O mérito pode ser no dia seguinte ou séculos depois. Criar é sempre bom.

Quem necessita cria ou desaparece.

A todos é dado o poder de criar. Até sem fazer nada podemos ser criativos. Pode-se criar uma cadeira confortável, um sofá aconchegante, um spa diferente. Dizem que o imortal Steve Jobs, em seu tempo difícil de internações em hospitais, criou o projeto de uma cama, extremamente confortável, mais aconchegante do que aquelas nas quais deitava. Criar nasce da necessidade que temos, do que sabemos, do que temos nas mãos, do que está ao nosso alcance, do que estamos vivendo.

O que dá certo não é o nome ou o tipo de negócio, mas o conceito que o envolve.

Você tem que formar uma personalidade que o inspire a criar.

São muitos os verbos que podem ajudá-lo a compor o criar: ouvir, aprender,

"O criar não é tão difícil. Basta ousar e acreditar. Se houver predisposição, o criar brota do nada. Basta estar aberto a ele e não lhe impor barreiras."

respeitar, admirar, imaginar, buscar, ousar, pesquisar, acreditar e sonhar. Na prática desses verbos surge o criar. Pratique-os.

LAMENTAR, AFASTE-SE DESSE VERBO

Lamentar diferencia até os "nãos". Os "nãos" do lamentar são negativos. São muitos: não produz, não faz, não tenta, não muda, não pensa, não elogia, não sorri, não gosta, não aprecia, não tem amigos. Os "nãos" dos sem lamentar são positivos: não desista, não ofenda, não grite, não machuque, não odeie. Então, não se lamente, pois o verbo invoca o negativo. Traz azar. Afaste-se dele.

As necessidades e as dificuldades devem ser fontes de inspiração para criar, e não para se lamentar.

Lamentar é dos que pouco conseguem, dos que fogem, dos que resolvem a distância e não de frente, dos que trocam as palavras do bem pela língua dúbia do mal, dos que não se levantam.

DEPOIS DA PADARIA, A CASA DO PASTEL

De volta ao ano de 1976, eu estava com 22 anos. Tranquei a matrícula novamente. Havia tido uma ideia comercial e queria implantá-la. Chamava-se Casa do Pastel. Na padaria, eu havia conhecido Joaquinzinho, um sujeito baixo e franzino que fazia pastéis maravilhosos, vendidos na copa do estabelecimento. Havia aprendido com ele a arte de ser pasteleiro. A ideia de criar a Casa do Pastel veio dali.

Para viabilizar o negócio, era preciso um excelente ponto comercial. Fui à procura dele. Encontrei-o na praça Tereza Cristina, 35, no centro de Guarulhos. O ponto era excelente. Estava localizado numa rua que ligava dois fortes centros comerciais. Fiz a contagem. Em média, passavam quase cem pessoas na calçada por minuto. Era muita gente.

Os pastéis eram excelentes. Havia seis tipos. O campeão de vendas era o recheado com carne refogada ao alho, cebola, salsa e tomate e acompanhado de meio ovo cozido e uma bela azeitona preta. Ele existe até hoje.

Mas a Casa do Pastel não teria tido tanto sucesso se não viesse acompanhada da fórmula mágica que havia mudado minha vida: vender barato, muito barato. A experiência de vender pãezinhos 30% abaixo da tabela havia modificado meu rumo comercial na padaria, e disso eu jamais me esqueceria. Apliquei o mesmo conceito na Casa do Pastel: coloquei o preço zero vírgula alguns centavos. Não me recordo quantos eram. O que não esqueço é que pelo preço de um cafezinho do boteco da esquina dava para comprar três pastéis recheadíssimos.

O sucesso foi tremendo. As poucas mesas que havia no salão não eram suficientes para atender a todos. No caixa, havia fila de clientes que levavam quantidades enormes de pastel para casa ou para comer no trabalho.

> Quem necessita cria ou desaparece.

Não era só eu que cilindrava a massa e recheava os pastéis. Joaquinzinho me localizara e trabalhava comigo no novo cilindro de pastel, que eu acabara de comprar. Mesmo assim, não dávamos conta dos pedidos.

ANDRÉ, O CORRETOR

Foi então que apareceu um senhor que aparentava ter uns 50 anos, baixo, magro mas forte, cabelos brancos penteados para trás, jeitão esperto, falante, com sotaque italiano, extremamente simpático. Seu nome era André.

Era um corretor experiente, cuja especialidade era vender bares, botecos e lanchonetes. Tinha um escritório de corretagem no Belenzinho, que vivia cheio de compradores à espera de um bom negócio. Na visita, estava acompanhado de três pessoas. Uma delas era o Pires, patrício que também vendera sua padaria. Pires e outros sócios queriam comprar a Casa do Pastel. Ele havia presenciado a virada da minha padaria e sabia da minha capacidade. Confiava em mim. Pires e André não saíam do meu pé. Todos os dias vinham me visitar. Eu me recusava a vender a Casa do Pastel. Até que um dia André me trouxe uma proposta comercial por escrito assinada por Pires e seus sócios. Quando abri o envelope, quase caí de costas com o valor proposto. Nem contraproposta tive coragem de fazer. Dois dias depois, assinávamos os contratos de compra e venda. Minha ideia me rendeu excelentes resultados. Com a venda, reforcei meu caixa, continuei a sustentar minha família e retornei ao terceiro ano da faculdade de Medicina – agora na décima terceira turma da Santa Casa.

A CASA DO NHOQUE

Nos tempos da padaria, as ausências do meu padeiro Manezinho me deixavam maluco. Era um desastre quando ele não vinha. Eu tinha que sair feito louco atrás de padeiro. Foi então que me interessei pela parte de dentro da padaria e virei padeiro. Aprendi que, além de saber negociar e atender aos clientes, eu precisava saber preparar os produtos, não devia ficar dependente dos profissionais que os faziam. Toda receita maravilhosa que aparecia, ou que alguém dizia que sabia fazer, lá estava eu querendo reproduzir. Aprendi a fazer inúmeros produtos. Isso me fascinava a tal ponto que me fez aprender profissões simples, mas fundamentais: padeiro, pasteleiro, pizzaiolo, cozinheiro.

Com um senhor italiano, aprendi uma receita de nhoque feito com 70% de purê de batata, regado a molho de tomate ao sugo, que eu deixava apurando por horas e horas. Era um prato de dar água na boca.

Nessa época, eu vivia feliz. Cursava o quarto ano da faculdade. Quase não dormia. Tinha que dar conta dos estudos e do trabalho. Vivia esgotado. Mas feliz! A felicidade supera qualquer cansaço.

"São muitos os verbos que podem ajudá-lo a compor o criar: ouvir, aprender, respeitar, admirar, imaginar, buscar, ousar, pesquisar, acreditar e sonhar. Na prática desses verbos surge o criar. Pratique-os."

André, o corretor, me acompanhava por tudo que era lugar. Novamente ele mudaria meu percurso. Recebi uma nova proposta irrecusável e vendi a Casa do Nhoque. A partir dessa venda, André e eu fizemos um acordo: eu montaria novos negócios e ele os venderia. Foi o que ocorreu nos anos seguintes.

A HORA DA PIZZA

Mais de dois anos se passaram; era 1979. Estávamos em seis amigos em uma pizzaria, em Moema, quando surgiu uma situação atípica. Cada amigo meu queria um sabor diferente de pizza. Ao todo, eram cinco sabores. Cinco pizzas para seis pessoas era uma quantidade grande.

Desse encontro, nasceu uma nova ideia, um novo negócio: a Casa da Pizza Rodízio. A ideia era simples: os clientes poderiam comer diversos sabores, quantos pedaços quisessem, e pagariam um preço único por pessoa, cujo valor seguiria o mesmo conceito dos 30% de desconto aprendido na padaria.

Criar um novo negócio, ou uma nova ideia, pode vir de muitos lugares: de algo existente ou inexistente, de outras pessoas ou de você mesmo, de uma reunião ou de uma viagem, de um pensamento ou de uma visão. O importante é estar sempre aberto a criar. Inaugurei minha primeira pizzaria rodízio na avenida Santo Amaro, 2.310, na Zona Sul de São Paulo. Nos sábados, a fila com mais de 150 pessoas dobrava a esquina da padaria vizinha. O português, dono da padaria, que antes da inauguração da pizzaria andava preocupado, agora andava feliz. O movimento cresceu depois que inauguramos a pizzaria. Surgiram clientes de todos os lugares da cidade. Mudou o jeitão do lugar.

Numa manhã, ao ir à lá tomar café com leite e comer pão com manteiga, o português me disse: "Ó Alberto, não vá aumentar o preço do rodízio de pizza, se faz favor; isto aqui anda muito bem, dá para todo mundo".

Todos os dias, eu trabalhava feliz e contente na cozinha da pizzaria. Era sempre o primeiro a chegar. Às sextas-feiras e aos sábados, recordes de vendas eram conquistados, semana após semana. Eram vendidas de 3 a 5 mil pizzas. O preço do rodízio era muito barato. Quinhentos quilos de massa eram batidos. Não tínhamos masseira elétrica para fazer as massas. Socávamos a massa com as próprias mãos, num cocho enorme de madeira. Acreditávamos que assim a massa da pizza ficaria mais saborosa. Minhas mãos viviam inchadas de tanto socar a massa no cocho e doloridas de tanto abrir discos de pizzas com o rolo de macarrão. Sem dor, nada acontece; e, com anestesia, você não tem controle do que ocorre.

Havia dois fornos de assar. No primeiro trabalhavam dois pizzaiolos, que abriam discos de pizza, e um forneiro. No segundo, também. Pensei numa disputa motivacional: o trio que primeiro terminasse a massa de cinquenta quilos, abrindo e assando 320 discos de pizzas, ganhava pacotes de cigarro fechados com dez maços dentro. A premiação com cigarro contrariava meus princípios médicos, mas foi a maneira de agradá-los e torná-los rápidos – afinal, a fila de pessoas à espera das pizzas no salão de atendimento e no balcão de viagem era enorme.

A MELHOR VENDA

Ainda não contei que a "minha" Casa da Pizza Rodízio já não era mais minha. Quarenta dias antes da inauguração, eu a vendera para o sr. Antônio Alves, um patrício, dono da Panificadora Rainha, localizada no Largo Treze, em Santo Amaro. O corretor André e seu parceiro Almeidinha me convenceram a vender a pizzaria antes mesmo de inaugurá-la. Os sucessos comerciais anteriores endossavam o novo empreendimento. Comprar o negócio antes da inauguração garantia um excelente preço aos compradores. Depois do negócio aberto, o valor poderia ser o dobro.

A venda fora feita, e o sucesso da pizzaria foi tão grande que o valor de faturamento que garanti para o primeiro mês foi o lucro. Os compradores pularam de alegria. Haviam acertado em cheio na compra.

Sobrava muito dinheiro no final do mês para o sr. Antônio Alves e seus sócios. Nos primeiros dias, pensei: "Esse dinheiro poderia ser todo meu". Mas, depois, senti-me realizado. Vendera a pizzaria por quatro vezes o valor que havia gastado na montagem. Além disso, eu tinha facilidade de montar negócios e precisava terminar o sexto ano da faculdade, que tomava muito do meu tempo. A Casa do Pastel, a Casa do Nhoque e a Casa da Pizza Rodízio eram a prova de que eu poderia criar novos negócios e multiplicar os que existiam. Foi o que aconteceu. Nos anos seguintes, eu seguiria montando dezenas de Casas da Pizza Rodízio. Eu montava; André e Almeidinha vendiam.

> As necessidades e as dificuldades devem ser fontes de inspiração para criar e não se lamentar.

Nessa história da venda da Casa da Pizza Rodízio, tornei-me amigo do sr. Antônio Alves, que, anos depois, criaria nas estradas de todo o Brasil uma rede de postos de gasolina chamada Graal, uma das maiores do ramo. Sua simplicidade vitoriosa e sua forma amiga de se relacionar foram fontes de inspiração para mim. Tornei-me seu fã e admirador e com ele aprendi boas lições.

TATU *VERSUS* PAULÃO

Para aqueles que gostam de história, aqui vai mais uma. Todas as Casas da Pizza Rodízio que eu montava prosperavam, viviam lotadas. A da rua Augusta era uma das melhores. A quantidade enorme de pessoas que trabalhavam na avenida Paulista descia em multidão no horário de almoço e lotava os três andares da pizzaria.

À noite, o local era *point* dos motoqueiros, que exibiam suas máquinas invejáveis, envenenadas, bem em frente à pizzaria. Eu havia conhecido Paulão, líder dos motoqueiros, um sujeito de 1,98 metro de altura usando roupas de couro preto e botas longas cheias de adornos em metal prateado.

Paulão e seus amigos viviam aprontando em nossa pizzaria da rua Augusta. Depois de beberem dezenas de chopes, Paulão colocava as botas em cima da mesa e, num descuido programado, derrubava todos os copos.

Toda vez que eu o enfrentava, ele me pegava pelo colarinho, me levantava do chão e me pedia desculpas. Aquilo se repetia quase todo final de semana. Ele era forte e grande demais. Eu não podia chamar a polícia: a turma de motoqueiros era grande e eu temia pelo pior.

Foi então que viajei até a Baixada Santista atrás de Tatu. Ele era um aficionado de luta livre e uma das estrelas do programa Reis do Ringue, da TV Record. Tatu era baixinho, tinha 1,68 metro de altura, mas era bastante forte. O que ele tinha de altura quase tinha de largura. Tatu era meu amigão e se prontificou a me ajudar por um pequeno cachê.

Contei-lhe a história do Paulão, a forma como ele agia, o tamanho e a força que ele tinha. Despreocupado, Tatu me disse: "Deixa comigo, fica tranquilo. Vou resolver na boa". Achei que Tatu ia conversar com Paulão. Mas naquele fim de semana, quando Paulão derrubou os chopes e me levantou pelo colarinho, Tatu interveio e sem dó desferiu um único golpe certeiro no meio da testa dele, que caiu desmaiado. Quase apaguei junto com o Paulão. Fiquei assustado e desesperado. Não era para tanto. Tatu tinha acabado com o Paulão.

Levei Paulão para o pronto-socorro da Santa Casa e passei a madrugada ao lado da maca dele. Era a única maneira de me desculpar. Paulão percebeu que os plantonistas eram meus amigos.

“Lamentar é dos que pouco conseguem, dos que fogem, dos que resolvem a distância e não de frente, dos que trocam as palavras do bem pela língua dúbia do mal, dos que não se levantam.”

Tive tempo de lhe contar minha história. No final, já ao amanhecer, ao pegar o táxi, Paulão, num gesto humano, me agradeceu e pediu desculpas sinceras, diferentes das desculpas inescrupulosas ao me levantar pelo colarinho. Aquele episódio acabou bem, e nos tornamos amigos. Paulão nunca mais se esqueceu nem de mim, nem do Tatu.

A ideia de servir diversos sabores de pizza, na quantidade que os clientes quisessem comer, a um preço único e barato era sucesso total. No final do mês, o lucro era enorme. Sobrava muito dinheiro.

A filosofia criada na padaria deu certo na rua mais badalada de São Paulo. Meses depois de aberta, a Casa da Pizza Rodízio da rua Augusta também foi vendida. André – o corretor – andava de BMW zero quilômetro. Eu também. A poupança crescia.

CRIAÇÃO MAIS IMPORTANTE

Minha principal criação estava por vir. A fonte inspiradora seria uma nova conversa. Não com o pasteleiro Joaquinzinho, nem com o senhor italiano do nhoque, nem com os amigos na pizzaria, mas com um senhor de mais de 70 anos. Sua súplica por um emprego me inspiraria a criar algo novo e diferente. Um trilhão de pessoas não daria importância à conversa desse senhor, mas eu dei. Para muitos, ouvir idosos incomoda. Para mim, não. Sempre tive sorte com idosos. No criar é preciso ouvir, conversar, respeitar, reconhecer, admirar. Ouvi, conversei, respeitei, reconheci e admirei esse senhor que veio me pedir emprego. Desse encontro nasceu a maior rede de comida árabe do mundo.

Na imagem da obra de arte deste verbo, você encontra aquelas que foram a primeira e a segunda lojas dessa rede. Elas são o início de um novo *fast-food*, que trocaria o carregar de bandejas pelo servir dos garçons, que trocaria o esperar dos produtos em pé pelo conforto de aguardar sentado, que trocaria as poucas opções de cardápio pela variedade de escolha, que trocaria o caro proibitivo pelo barato acessível, que trocaria o elitista pelo democrático. O nome desse *fast-food* você pode confirmar na obra de arte.

Meu querido leitor, talvez você desconheça sua capacidade de criar e não compreenda de onde o criar pode vir. Não se preocupe. Se você for sábio, o criar brotará nos dons que lhe foram dados. Da sua boca podem sair as palavras que agradam aos que sabem e detêm conhecimento, e eles podem ajudá-lo a criar. Seus ouvidos podem ensiná-lo a escutar os segredos que poucos têm e com eles muitas coisas criar. Seus olhos podem discipliná-los a enxergar o que procura. Seu coração pode viciá-lo a ter amigos e bons relacionamentos. Sua mente pode estipular que tudo é possível. Essas qualidades lhe bastam para criar. Foi dessa maneira que criei tantos negócios e histórias. Inspire-se! Crie tudo o que puder, sem medo de errar. Isso pode ajudar a construir sua vida!

ESTA
CONSTI
nova Carta ent
ADO DE S.PAULO
INTUIÇÃO
ra em vigor
1988
8

DESEJAR

◀

A obra ilustra o nascimento da grande estrela: a Bib'sfiha. O ano era 1988. Fragmentos da história, como a vitória de Ayrton Senna, a medalha de ouro na Olimpíada e a nova Carta Magna, são contados em recortes, unidos no mais puro estilo de colagem e composição, inspirados na técnica do grande mestre e amigo da artista, Tide Hellmeister. As silhuetas foram recortadas e colocadas em relevo, trechos de notícias foram rearranjados e reformulados criando novos sentidos, como a constituição que se transforma em intuição e a palavra vigor é isolada e ganha nova interpretação. Sob uma nova óptica, as imagens resultantes são, facilmente, reconhecidas, apesar de apenas sugeridas. Os braços erguidos fazem uma alusão à comemoração do nascimento da Bib'sfiha, que recebe a coroa por se tornar o rei dos produtos mais vendidos entre todos os restaurantes e fast-foods. As palavras acreditar, coragem, determinação e força, localizadas no canto inferior esquerdo, sustentam a narrativa do verbo desejar.

DESEJAR E... RECEBER

Ou temos desejos, ou pouco temos.

A conquista do que queremos começa pelo desejo. Viver aceitando tudo nada traz. O tudo pode ser ingrato. Se tivéssemos tudo, nada desejaríamos. Melhor desejar.

O desejo não está em suas mãos, mas em sua mente, em seu coração. Primeiro você cria e imagina o desejo, depois busca e recebe. Se os desejos forem enormes, você pode apalpá-los, senti-los, cheirá-los. Se forem intensos, pode abraçá-los, beijá-los, amá-los. Mas se forem insignificantes, dissipam-se como fumaça. Mais apropriado, então, evitar os desejos menores e desejar os maiores.

NÃO DESEJE O MAL, ELE PODE VOLTAR CONTRA VOCÊ

Não deseje a desgraça, porque ela pode se voltar contra você. Não deseje a infelicidade, porque ela pode se aproximar de você. Não erre na discussão maldizendo as pessoas, você pode ficar mal dito.

Um dos mais poderosos desejos é o de querer vencer pelas próprias mãos. O grande cineasta Steven Spielberg disse que não poderia deixar a mais preciosa herança para seus filhos, o item que ele considerava mais importante: uma infância pobre. Exagero? Talvez.

A conquista do que queremos começa pelo desejo.

Foi com base nesse mesmo conceito que o fundador da Mitsubishi, Yataro Iwasaki,

“Não deseje o mal ou a desgraça porque eles podem se voltar contra você.”

chamou seus filhos e disse: "Vou deixar a vocês a maior herança do mundo". Os filhos logo pensaram na fábrica, mas, surpreendentemente, o velhinho lançou a frase: "Vou deixar o desejo de vocês vencerem pelas próprias mãos". Num ato administrativo, transferiu parte das ações da fábrica para seus funcionários.

Desejo de vencer pelas próprias mãos: que força tem isso? Muita! Aqui está a resposta para os que vivem se lamentando: "Sou pobre, o que faço? Como vou vencer?".

Quando somos pobres, mas carregamos o desejo de vencer por nosso próprio esforço, enfrentamos obstáculos e dificuldades com mais coragem e determinação, não nos abatemos por nada, seguimos sempre em frente. Quando cultivamos o desejo de vencer pelas próprias mãos, temos mais garra, mais vontade, redobramos nossas energias, temos algo a mais, criamos um diferencial. É nesse diferencial que nos destacamos. Passamos a vida sendo testados, comparados, desafiados. É preciso ter um diferencial para vencê-la.

Meu querido leitor, você tem algum diferencial. Se você é inteligente, ótimo, agradeça a Deus. Se trabalha demais, parabéns. Foi o que mais fiz nesses anos todos. Se você é o último a sair do trabalho, que bom; alguém vai perceber isso. Se você se interessa pelo que faz, tem paixão em suas atitudes, é perseverante, não descansa enquanto não atinge seus objetivos, é otimista e vive sonhando e acreditando no futuro, que bom, porque esses são os diferenciais que o tornam maior, que determinam seu futuro e que trarão o sucesso que você tanto deseja.

MEU BOLINHO DE CARNE

Passei minha rota comercial buscando algo que atraísse clientes. Não milhares, mas milhões deles. Desejava encontrar um produto que fosse capaz de cumprir esse desejo. Conhecia as histórias de Ray Kroc, fundador do McDonald's. Ele havia encontrado seu produto, e eu haveria de encontrar o meu. Ray Kroc conquistou milhões de clientes no mundo com seu bolinho de carne temperada, amassado em formato redondo, colocado na chapa e servido num pão com gergelim. Com esse produto, transformou sua marca na quarta mais valiosa do mundo. Inacreditável! Um bolinho de carne amassado na chapa misturado com picles conseguiu tudo isso. Só o poder do desejo é capaz.

Foi nesse exemplo de história que me inspirei. Desejava encontrar meu bolinho de carne temperada. Se Ray Kroc havia conseguido, por que eu não conseguiria? Encontrei o pastel, montei a Casa do Pastel. Encontrei o nhoque, montei a Casa do Nhoque. Encontrei a pizza, montei a Casa da Pizza Rodízio. Foram negócios que conquistaram milhares de clientes. Mas meu desejo era maior, e eu continuava mais crédulo do que nunca. Minhas experiências e meus *cases* de sucesso me indicavam que eu estava no caminho correto, faltava pouco para encontrar o produto que faria a diferença em minha vida. Fiquei em alerta e aberto ao criar, predisposto para que a oportunidade surgisse. Até que um dia apareceu!

Rua Lins de Vasconcelos, 75, Cambuci, São Paulo. Estou abrindo mais um negócio. A reforma está terminando. Meu mestre de obras, Joel – um sujeito de pouco estudo, cor parda, estatura média, que havia feito todas as minhas obras anteriores, amigo e adorado escudeiro, responsável por comandar os ajudantes, os pedreiros e até os engenheiros –, chamou-me e disse que havia um senhor de idade querendo falar comigo. Pensei: "Lá vem reclamação de barulho ou algum inconveniente da obra". O velhinho morava num pequeno prédio de três andares bem em frente. Da obra, era possível ver a janela da sala de estar de seu apartamento.

O senhorzinho sorriu e me disse: "Quero que você me arrume um emprego. Você vai precisar de mim aqui. Nem precisa me pagar muito. Estou aposentado, tenho que fazer alguma coisa.

Atravesso a rua e posso estar aqui todos os dias. Só preciso do sábado e do domingo para descansar". Seu pedido de emprego foi longo, pronto e ensaiado. Nada me perguntou, só descreveu o que queria. Sua solicitação foi categórica e fazia que sua idade passasse despercebida, nem fosse lembrada. Ele tinha mais de 70 anos, mas ao ser perguntado sobre isso, desviou o assunto: "Não importa quantos anos eu tenho. Importa o que sei fazer".

Seu nome era Paulo Abud. Os cabelos eram fartos, ainda que brancos por completo. Seu rosto tinha um formato pontiagudo, e seu nariz era enorme, capaz de sugar todo o ar que havia por perto. A dentadura quase perfeita mostrava o sorriso constante. Tinha estatura média e a aparência bem cuidada. Era extremamente simpático e convincente, uma pessoa interessante de estar ao lado. Mostrou-se alegre, independentemente do assunto que estivéssemos falando.

> Não deseje a infelicidade, porque ela pode se aproximar de você.

Perguntei a ele: "O que o senhor sabe fazer?". Ele respondeu: "Homus, tabule, quibe cru, coalhada seca, abobrinha recheada, charuto de repolho e de uva, kafta, quibe. Sei fazer qualquer prato árabe, e minha esfiha aberta é dos deuses".

Aquele senhor trabalhara em um restaurante árabe na rua 25 de Março, reduto da colônia árabe em São Paulo, e dizia saber fazer todos esses pratos. Na descrição dos produtos, o último me interessou demais. Parecia ser o "bolinho de carne amassada" que eu desejava, que estava à procura.

Pedi ao sr. Paulo que fizesse as esfihas abertas para eu degustar. Eu já havia experimentado as esfihas de uma lanchonete árabe localizada na rua Doutor Ornelas, no Pari. Lá trabalhava um libanês chamado Ali e ele não dava nem vendia sua receita para ninguém, nem que sua mãe suplicasse de joelhos. Conhecia também as esfihas abertas da tradicional Brasserie Victória e também da lanchonete Jaber na rua Domingos de Moraes, que ficavam expostas na vitrine/estufa bem em frente à calçada de pedestres. As marcas existem até hoje. Eu adorava as tais esfihas abertas e sempre pensava nelas. Agora, estava diante de um senhor que dizia saber fazer "a esfiha dos deuses".

Marcamos um dia, com a condição de eu ficar por perto para ver como eram feitas as tais esfihas. O velhinho abriu um sorriso maroto e disse: "Você tem futuro, rapaz. Quer aprender a fazer a receita que escondi por cinquenta anos!". E finalizou: "Gostei de você. Vou te ensinar!". Fui atrás dos ingredientes, alguns não conhecia e nunca tinha ouvido falar.

Numa bela manhã, estava tudo preparado: o tipo de carne que ele pediu para moer, tomates, cebolas, limões, sal, pimenta, farinha de trigo especial e ingredientes árabes. A operação foi demorada: mais de uma hora. Quando experimentei a primeira esfiha aberta, saída do forno, me arrepiei, fiquei feliz e pensei comigo: "Encontrei o produto que desejava".

Passamos a vida sendo testados, comparados, desafiados. É preciso ter um diferencial para vencê-la.

O recheio de carne era saboroso, a massa era feita na hora, a esfiha saía quentinha, pronta para servir. Vi naquela esfiha um novo negócio. Havia o desconhecimento do produto pela maioria do público, mas isso carregava o charme do desconhecido, da inovação, do diferente, da surpresa, do não existente. Era o produto que eu procurava. Ele era mais forte que o pastel, o nhoque, as pizzas. Confirmou-se a primeira frase desse verbo: a conquista do que queremos começa pelo desejo. Primeiro se deseja, depois se encontra. Foi o que aconteceu comigo. Encontrei um produto carro-chefe que atraía clientes, não tinha rejeição, era feito na hora, quentinho, nutritivo, delicioso e com um bom custo-benefício. A esfiha aberta parecia ser a rainha de todos os produtos que eu havia conhecido. Batizada de Bib'sfiha, ela se tornaria o mais vendido entre todos os produtos de *fast-foods* no Brasil: três unidades por habitante. Assim como ocorreu com Ray Kroc, meu desejo se realizou.

THE COMMA
REPÚBLICA DOS ESTADOS UNIDOS DO BRASIL
SE PAGARÁ AO PORTADOR
DESTA A QUANTIA DE
BANCO
CA DOS ESTADOS UNIDOS DO BRASIL

DEMOCRATIZAR

◄

Nunca um zero à esquerda fez tanta diferença na história de uma empresa ou no cotidiano de tantos brasileiros. É ele que traduz o democratizar adotado pela Rede Habib's. Para realçar esse conceito, a obra de arte traz o número zero mais valorizado em relação aos demais algarismos, seja por estar em tamanho maior, seja por ser construído em papel-moeda, seja por estar destacado na cor dourada. O zero é ainda o único a ser repetido e escrito em várias línguas: árabe, japonês, alemão, grego e português. Os outros numerais ocupam apenas um quarto de página, confundindo-se sobre um fundo negro, como se flutuassem no vácuo. Em oposição, a vírgula também é personagem de destaque e aparece, bem apoiada, numa estrutura linear e chapada, que lhe confere solidez.

DEMOCRATIZAR FAZ BEM

Minha mulher costuma dizer que o Habib's é uma empresa abençoada por Deus por ser democrática, ser para todos, permitir que pessoas simples sejam recebidas por recepcionistas e atendidas por garçons. Elas desfrutam um local agradável, com ar-condicionado, e se alimentam com bons produtos, pagando preços acessíveis por eles. Pequenos episódios provam o dito de minha esposa. Vou contar um deles.

Ao visitar a loja da rua Augusta, uma senhora de cabelos brancos veio em minha direção e, num gesto carinhoso, deu-me um abraço de avó e me disse: "Mesmo sem conhecê-lo, toda vez que venho a este restaurante faço uma oração por você e sua família, porque, graças a você, eu tenho a dignidade de vir com minha netinha uma vez por semana, dentro do meu minguado orçamento". A crença de minha mulher está amparada em episódios como esse. Sou feliz por isso. Consegui vencer oferecendo alimentação e dignidade às pessoas.

> Para mim, o número mais importante é o zero. Com ele aprendi a democratizar meus negócios.

Como estamos escrevendo um livro empresarial, para muitos a crença espiritual não é o meio mais justificável. A tendência é que ela fique de lado – para muitos, mas não para mim. Minha interpretação empresarial é que o Habib's deu certo porque democratizou a comida árabe no Brasil, deixou-a acessível

“O Habib’s é uma empresa abençoada por Deus porque é democrática, para todos.”

à maioria da população. O privilégio de consumo que era de poucos tornou-se de muitos. Essa democratização permite que milhões de pessoas visitem anualmente nossas lojas. Em 2015, foram 200 milhões.

Na era pré-Habib's, havia meia dúzia de restaurantes árabes, lugares inacessíveis à maioria da população. As iguarias eram privilégio dos mais afortunados. Pratos árabes como homus, quibe cru, charuto de uva, kafta, abobrinha recheada, coalhada seca eram desconhecidos de muitos brasileiros. No Nordeste, muitos chamavam as esfihas abertas de queijo de minipizzas.

Poucas empresas foram capazes de democratizar seus negócios como o nosso Habib's. Para nós, democratizar é fazer que todos tenham liberdade de se alimentar com bons produtos, independentemente do que carregam no bolso.

Democratizar é fazer que a dignidade prevaleça sobre outros valores e se espalhe para todos. Democratizar é fazer que as pessoas tenham direito de frequentar um bom local, que o acesso lhes seja permitido.

Nossa história nasceu da democratização, da receptividade às pessoas de todas as classes sociais, da conta que não ultraja o bom senso, da festa que permite a todos frequentar.

Democratizar é um dos 25 verbos que quero indicar a você para ajudá-lo a construir sua vida. Para isso, uma única exigência: você precisa ser democrático. Consegue? Tenho boas surpresas para você.

A TEORIA DA MULTIPLICAÇÃO DO ZERO

Cada um de nós tem simpatia ou preferência por um número. Alguns não gostam do treze, outros gostam do sete. Para mim, o número mais importante é o zero. Com ele aprendi a democratizar meus negócios. Criei até uma teoria: a teoria da multiplicação do zero, que diz: "O zero à esquerda da vírgula tem o poder de se multiplicar em zeros à direita da vírgula". Vou dar um exemplo: com um único zero à esquerda, conquistei dezesseis zeros à direita.

Ao abaixar o preço da Bib'sfiha de Carne para 49 centavos durante um ano, vendemos 600.000.000 de unidades a 200.000.000 de clientes que passaram por nossas lojas. Isso sem considerar os zeros da quantidade de carne, cebola, tomate. Consegue compreender essa teoria? Um zero, que pouco vale, multiplica-se em muitos zeros, que muito valem. É o pouco virando muito. Nesse exemplo, um único zero à esquerda se transformou em dezesseis zeros à direita. A matemática que diz que a multiplicação do zero é sempre igual a zero está desbancada. Confuso? É complicado mesmo.

> Democratizar é fazer que a dignidade prevaleça sobre outros valores e se espalhe para todos. É fazer que todos tenham a liberdade de se alimentar de bons produtos, independentemente do que carregam no bolso.

Que bom seria se as universidades ensinassem a teoria da multiplicação do zero, ensinassem que o zero à esquerda da vírgula tem o poder de se multiplicar em muitos zeros à direita da vírgula, transformando centavos em dezenas, centenas em milhões. Que bons frutos teríamos se as universidades ensinassem que essa teoria tem o poder da democratização, de tornar o inacessível acessível e da multiplicação em progressão geométrica. Esses ensinamentos trariam benefícios nobres. Uma comida que pudesse ser oferecida à população carente, com preço que começasse com zero, poderia acabar com a fome de milhões de pessoas. Negócios que aplicassem a teoria se democratizariam, sobreviveriam, não fechariam suas portas, trariam milhões de empregos e multiplicariam a quantidade de empreendedores talentosos.

Para muitos, a teoria da multiplicação do zero pode parecer piada. Dizer que o resultado da multiplicação de um número com zero à esquerda eleva os números em progressão geométrica parece gozação. Pode ser que sim, pode ser que não.

Nós, lusitanos, costumamos fazer coisas pouco compreensíveis; às vezes acompanhadas de gargalhadas, mas outras surpreendentemente boas. Para muitos, essa pode ser mais uma gozação. Já estou vendo meu afilhado Botija fazendo anedotas: "Português quer ganhar Prêmio Nobel com um zero à esquerda" ou "Português encontra uma nova forma de elogiar as pessoas: Parabéns, você é um zero à esquerda. Tudo o que você faz multiplica-se em mais".

Minha intenção aqui é dar importância ao conceito que carrega o número zero antes da vírgula e ensinar o poder que ele tem de democratizar. Se você gostou do zero, guarde seu nome em português, ou, se quiser em outros idiomas; basta ler na obra de arte. Quem sabe um dia você possa utilizá-lo e democratizar o que faz.

A HISTÓRIA DO NOVO NEGÓCIO – HABIB'S

No período em que vivi com meu querido Paulo Abud, eu aprendi a fazer todos os pratos árabes, em especial as esfihas abertas. Desde o início, quando eu testava as esfihas com os amigos, eles diziam: "Nossa, são muito boas". Já havia medido o poder de vendas do pastel, do nhoque, das pizzas. Faltava medir o poder das esfihas. Foi quando criei o negócio mais importante de todos. Vou contar como o realizei e por quais caminhos passei.

O sobrado do Pari e o Bar do Bigode

De 1972 a 1979, morei num sobrado no Pari, na rua Coronel Moraes, 164, esquina com a rua Doutor Ornelas. De lá tenho más recordações. O sobrado era apertado, incômodo, mal localizado e inconveniente. Era muito ruim. Quando papai morreu, era nesse sobrado que morávamos: eu, minha mãe Júlia, e meus dois irmãos menores, Belchior e Edina.

O sobrado estava localizado em cima do Bar do Bigode. Bigode era um sujeito alto, magro e fininho. Seu bigode tomava conta de sua aparência. Ele não tinha rosto; tinha bigode. Bigode era especialista em sucos de frutas naturais e os mais saborosos drinques e batidas de São Paulo. Seu bar vivia apinhado e nos finais de semana era ponto de encontro da turma da pesada do Pari, *tutti buona* gente, mas da pesada. Adoravam uma briga.

Lembro-me de que aos sábados o trânsito parava no semáforo em frente ao bar. A boa turma mandava seu mascote provocar e xingar os motoristas, que desciam dos carros cheios de razão e iam para cima do baixinho. E, então, apanhavam da multidão de marmanjos que estava escondida no bar. Uma armadilha que adoravam, maleficamente, fazer. Eram esses os vizinhos que eu tinha.

Foi nesse bar que conheci Botija, que se tornaria um dos meus melhores amigos e meu afilhado de casamento. Botija era um grande cantor. Suas imitações de Jerry Adriani, Antônio Marcos e Cauby Peixoto eram perfeitas. Mas, quando bebia, cantava as músicas alto demais; "A volta do boêmio" era uma delas. Eu tinha que ouvi-lo nas madrugadas sem que desejasse. Botija era adorado por todos e era o cara que me protegia da turma da pesada do bar.

A porta de entrada do meu sobrado fazia divisa com a porta do Bar do Bigode. Ao longo da madrugada, virava o mictório dos apressados e sem bons modos. Tão ruim quanto isso era a localização do quarto que dividia com meu irmão Belchior. O piso era de assoalho de madeira, bem em cima do Bar do Bigode. Cada nota musical e cada palavrão dito embaixo soavam em cima como se estivessem num alto-falante. Era algo terrível. Mas o único lugar que tínhamos para morar era esse sobrado.

De toda essa situação, a única coisa boa que ocorreu foi que Bigode, como tinha receio que eu denunciasse o barulho do bar à polícia, encontrou uma forma de me agradar e aliviar o problema. Ele me ensinou os segredos de seus sucos naturais, que eram feitos com pedaços de frutas usadas nas batidas e adicionados à mistura especial feita com leite condensado – uma delícia que ele preparava como ninguém. Havia ainda a caipirinha especial com limão e açúcar, medidos milimetricamente, colocados na sequência correta e amassados da maneira certa. Em todas as bebidas que ele preparava, havia um ritual. No final, fiquei amigo do Bigode. O que aprendi com ele me permitiu, anos mais tarde, inaugurar o Habib's somente com sucos naturais, ficando seis anos consecutivos sem vender refrigerantes – algo inédito no ramo de restaurantes.

O destino deu uma trégua. Consegui mudar daquele sobrado. Depois de alguns negócios que fiz, juntei o valor da poupança e comprei uma casa numa rua tranquila e calma na Zona Sul de São Paulo – rua Rugendas, 91, no bairro do Aeroporto. Minha mãe ficou feliz. Voltou a estampar um sorriso no rosto. Sua família, finalmente, estava acomodada num bom lugar, e isso lhe dava segurança e a deixava em paz. Foi o primeiro presente que pude dar à minha família.

O surgimento do cardápio Habib's

Foi nessa época e nessa nova casa que comecei a desenvolver a ideia do novo negócio. Numa bela manhã, com um lápis e uma folha branca de papel sulfite nas mãos, comecei a listar todos os produtos que eu sabia fazer. Havia passado os anos anteriores pesquisando receitas, observando produtos, aprendendo a prepará-los, admirando-os, analisando suas qualidades e testando-os nos negócios que eu montava e vendia. Além disso, havia os produtos árabes que aprendera com Paulo Abud. A lista era extensa.

Sabia fazer hambúrgueres de carne e de frango maravilhosos. O beirute com rosbife, queijo derretido, Cremily, ovo, alface e maionese que eu havia criado era uma combinação perfeita. Quando da aprendizagem da massa de batata do nhoque, uma variação deu origem à massa de *fogazza*, e minhas versões de muçarela, calabresa e Cremily faziam um sucesso tremendo. Os quibes fritos, feitos com trigo especial e recheados com carne temperada, cebola e salsa, eram saborosos. O pão sírio eu modificava; o tradicional era branco demais. Adaptei o tempero dos pratos árabes quentes ao gosto popular e acrescentei um molho de tomate delicioso. Havia ainda os pastéis e as pizzas. Nas bebidas, havia uma variedade enorme de sucos de frutas naturais que o Bigode havia me ensinado. Como disse, nos seis primeiros anos do Habib's tive a ousadia de não servir aos clientes nem um único tipo de refrigerante – nem Coca, nem Pepsi, nem Guaraná, nada. Só vendia os sucos com pedaços de frutas batidos no liquidificador que aprendera com o Bigode. Mesmo em situações difíceis, morando num sobrado em que as pessoas urinavam na porta e não nos deixavam dormir, você pode aprender alguma coisa. Há que se dedicar ao aprendizado em todo e qualquer momento. Foi o que fiz.

No final, ao terminar de escrever, em três folhas de papel sulfite estava o cardápio do novo negócio que eu queria montar. Ainda não tinha nome nem local, mas era meu novo desejo, era o que eu queria criar. E, ainda, havia as esfihas abertas, produto em que eu mais confiava. Estava preparado para um novo desafio.

A ORIGEM DO NOME

Um dia, conheci Nelson Libbos, um libanês muito inteligente. Seu apelido era Cepacol, por ter semelhanças com o personagem Bom de Boca que, no comercial de TV, fazia "glu-glu-glu" ao gargarejar o produto. Nelson era daqueles que faziam amizade logo no primeiro encontro: bom de conversa e extremamente simpático. Vivia chamando as pessoas mais íntimas por um nome árabe, cujo significado era "amigo, querido". Nelson era presidente de uma das maiores multinacionais de medicamentos do Brasil, era bem relacionado, tinha muitos amigos. Mal eu sabia que ele ia me ajudar.

Mostrei ao Nelson as três folhas de papel sulfite, contei a ele sobre a ideia do novo negócio que eu queria montar e para o qual precisava de um nome. Rapidinho, ele olhou para mim e perguntou: "Como eu costumo te chamar? Respondi: "Habib". Ele disse: "Então, coloca Habib's!". Dei sorte: o nome estava livre para registro.

Continuamos a conversa. Eu disse: "Já temos o nome do novo negócio. A lista de produtos está pronta. Só falta a logomarca". De prontidão, Nelson disse: "Vou levar você a uma agência de publicidade que cuida da conta da minha empresa. Chama-se Deck. Vou apresentar a você meu amigo Pedroso".

Pedroso era um senhor de 60 anos que usava óculos, tinha estatura média-baixa e alguns quilos a mais. Era extremamente gentil, com bons modos, fala mansa e agradável, prestativo ao extremo. Adorei conhecê-lo. Falei dos meus planos, das receitas que sabia fazer, da ideia do nome. Duas semanas depois, Pedroso me chamou e me mostrou um cardápio com os produtos descritos nas folhas de sulfite, contendo na capa três logomarcas para que eu escolhesse uma. Ao ver a primeira, apaixonei-me de cara. Era um turcão que segurava um quibe na mão direita, um suco na esquerda, vestia colete e chapéu vermelhos... um típico árabe. O turco sorrindo e, com olhar de gênio, saindo da lâmpada mágica. Ele tinha nome: HABIB'S.

A inspiração em Ray Kroc começava a dar certo. Já tinha o cardápio, o nome, a logomarca e meu pedaço de carne temperada; faltava apenas o ponto comercial para testá-los.

A LOJA NA LAPA

Fui à luta atrás do ponto comercial, como fizera nos negócios anteriores. Eu era craque em encontrar bons pontos comerciais. Havia desenvolvido uma técnica para avaliar se um ponto comercial era bom, excelente ou ruim. Ser de esquina, com visão

"Mesmo em situações difíceis, como morando num sobrado em que as pessoas urinavam na porta, você pode aprender alguma coisa. Há que se dedicar ao aprendizado em todo e qualquer momento."

de todos os lados, semáforo na frente, passagem de setenta carros por minuto, numa zona comercial e residencial ao mesmo tempo eram alguns dos dezessete critérios para avaliação de um excelente ponto comercial. Esses atributos já haviam sido testados na época da Casa do Pastel, da Casa do Nhoque e da Casa da Pizza Rodízio. Não havia errado na escolha de nenhum deles. Confiava no meu critério de avaliação.

Depois de alguns dias rodando por São Paulo, programei ir à Heitor Penteado, a rua principal e mais movimentada da Zona Oeste, por onde passavam muitos carros e pedestres. Esse era um dos possíveis lugares para eu montar o estabelecimento. Percorri a rua de ponta a ponta e não encontrei uma única placa de "Aluga-se". No final, desanimado, entrei à esquerda, na rua Cerro Corá, e logo na primeira esquina, no número 450, bem em frente a mim, lá estava o ponto que procurava.

CLINEU, O MELHOR CORRETOR DE SÃO PAULO

O ponto era maravilhoso e preenchia todos os meus critérios de escolha, menos a área de estacionamento, que teria que ser do outro lado da rua. Mesmo assim, fui atrás do dono do ponto que havia aprovado. O proprietário chamava-se Clineu Rocha, renomado corretor de imóveis e dono de uma das maiores potências imobiliárias de São Paulo. Havia um problema: ele não alugava seu ponto na Cerro Corá para lanchonetes, bares ou restaurantes. Uma experiência ruim em outro imóvel o convencia de que não devia fazer esse tipo de locação.

Com a agenda lotada, não havia tempo de me atender. Sua secretária recusava meus pedidos de reunião. Mudei de tática com ela. Por telefone, disse que eu era o dr. Alberto Saraiva, médico formado na Santa Casa, que precisava muito falar com o sr. Clineu Rocha. Perguntado se era assunto médico, eu disse que sim. Um sim não convincente, mas que me colocou frente a frente com Clineu. Ele já tinha certa idade e adorava médicos. Em vinte minutos expus meu passado, minha história e meus planos para o novo negócio. Mostrei-lhe o cardápio Habib's feito pelo Pedroso. No final da reunião, Clineu Rocha me deu um abraço carinhoso, como se já me conhecesse e fosse meu amigo. Simpatizou-se comigo e me disse: "Você me fez lembrar o início da minha carreira comercial. Gostei da sua história e da sua ideia. Vai dar certo. O ponto é seu". Uma semana depois, assinávamos o contrato. Nascia na rua Cerro Corá, 450 a primeira loja Habib's com o turco ancorado no totem de sete metros de altura e o cardápio contendo todos os produtos descritos nas três folhas de papel sulfite.

Na inauguração, Nelson e Pedroso, felizes e emocionados, abraçaram-me. Eu havia colocado em prática, ao vivo e em cores, tudo aquilo que eles haviam me ajudado a fazer.

PASTEL DE BELÉM

Em 1996, passados oito anos da inauguração da unidade da Cerro Corá, Pedroso exercia a função de diretor de marketing do Habib's. Era também meu sócio na agência de publicidade que criamos e batizamos de PPM – a *house* de publicidade do Habib's. A pequena loja da Cerro Corá não era mais única: eram agora cinquenta lojas.

Eu persistia no conceito de democratizar nossa rede de restaurantes. Fosse aonde fosse, eu estava sempre à procura de produtos que pudessem ser vendidos a preços que começassem com zero. Meus negócios tinham que ser democráticos. Não bastava só democratizá-los com as Bib'sfihas; queria democratizá-los com outros produtos.

Quando passeava por Portugal de férias com a família, meus tios portugueses, que lá moravam, resolveram me levar a um lugar tradicional de Lisboa para comer iguarias locais. O bairro era Belém, e uma pequena placa na porta de entrada da confeitaria ostentava os dizeres: "Desde 1826". Lá dentro era servido um produto que todos comiam. Portugueses, franceses, italianos, norte-americanos, brasileiros, pessoas de todos os países. Não havia quem provasse e não arregalasse os olhos e dissesse: "Huumm, que delícia". O nome era pastel de Belém – massa folhada levada ao forno com recheio cremoso feito à base de gema de ovos. Delicioso! A receita fora desenvolvida há séculos pelas freiras do mosteiro de Belém, que usavam as claras de ovo para passar suas roupas, seus hábitos e as toalhas cerimoniais da igreja, e as gemas que sobravam, em vez de serem eliminadas, eram utilizadas para fazer o delicioso pastel de Belém. Achei o produto o máximo, assim como a história do mosteiro e das freiras.

Estava ali, na minha frente, algo que seria capaz de democratizar, ainda mais, a Rede Habib's. Faltavam três coisas: 1) descobrir a receita; 2) democratizar ao preço que todos os brasileiros pudessem pagar; e 3) convencer o Pedroso, meu diretor de marketing.

Pedroso era o realizador de meus sonhos. Tudo que eu dizia, ele acreditava e fazia o marketing tornar realidade. Colocava-se sempre a meu favor. Era meu fã e admirador, e eu dele. Ele era o criador e o guardião da marca Habib's. Pedroso só tinha um defeito incorrigível: ninguém podia contrariá-lo, porque ele ficava furioso, muito bravo. Quando não gostava de algo e alguém insistia, os palavrões corriam soltos, não importava onde estivesse.

Nesse episódio do pastel de Belém, tive minha primeira experiência desse tipo. A história de democratizar um doce português numa rede árabe não o convenceu. Seus conceitos de marketing eram fortes e firmes, e a ideia contrariava tudo aquilo que ele havia aprendido nos livros e praticado na publicidade. Quando insisti que ia lançar o pastel de Belém no Habib's, ele não se conteve. Deu um murro na mesa e me disse: "Você quer ferrar a rede. Nós somos uma rede árabe, e o pastel de Belém é português. Não combina! E daí que você é português!".

Tive que construir a fábrica dos pastéis de Belém longe do Pedroso e da turma do "não" – a turma do "não", que vive dizendo "não, não, não", mas que não toma iniciativa alguma.

Tempos depois, lançamos o pastel de Belém. Pedroso, ainda que contrariado, criou o filme da TV com uma grande gozação. Estava de sacanagem comigo. Dois atores portugueses davam gargalhadas dizendo que os brasileiros estavam vendendo os pastéis de Belém, de Portugal, no Brasil, numa rede árabe e a um preço que começava com zero. A gargalhada, além de zombeteira, era alta, livre e solta. O comercial dava a entender que quem tivera a ideia desse lançamento era meio idiota. Era a vingança carinhosa de Pedroso contra mim, já que seus palavrões não haviam surtido efeito.

O lançamento do doce foi um sucesso tanto no comercial de TV como nas vendas. Vendemos 7 milhões de unidades nos primeiros trinta dias; mais pastéis do que as vendas de todas as padarias de Portugal somadas. Além da excelência do produto, eu havia conseguido democratizá-lo, torná-lo acessível a todos os brasileiros. O preço era 0,69 centavos. A democratização deu certo: o resultado de vendas foi surpreendente. Comprovou-se a teoria da multiplicação do zero.

BOLINHO DE BACALHAU

O segundo exemplo de democratização – de tornar um produto acessível a toda a população – ocorreu com o bolinho de bacalhau. Pedroso foi o protagonista desse episódio. Eu havia montado uma nova rede de restaurantes chamada Ragazzo e a estava democratizando. Baixei tantos os preços do cardápio na inauguração, que cheguei a receber e-mail de um cliente dizendo que se eu não aumentasse os preços ele não frequentaria mais o Ragazzo, uma vez que o restaurante ficava lotado demais. O cliente queria uma opção mais tranquila, queria o Ragazzo para poucas pessoas.

> Você quer ferrar a rede. Nós somos uma rede árabe, e o pastel de Belém é português. Não combina! E daí que você é português!

O que ele não sabia é que jamais montei negócios que não considerassem a democratização – a possibilidade de todos frequentarem –, e não seria diferente com a rede que começava a crescer.

Foi nessa época que, novamente, chamei o Pedroso. Ele ainda estava engasgado com a história do pastel de Belém. Disse-lhe: "Pedroso, quero lançar algum produto no Ragazzo que atraia muitos clientes. O que fazemos?". Para me sacanear, ele respondeu: "Coloca bolinho de bacalhau". Respondi: "Que ideia, Pedroso!". Ele ficou assustado. Achou que eu estava brincando, mas, quando viu que eu realmente tinha gostado da ideia e a aprovado, disse: "Você é demais. Dane-se que o bolinho de bacalhau é português e o Ragazzo, italiano. Vamos nessa!".

Lançamos o bolinho de bacalhau. O comercial vinha com os mesmos atores portugueses do comercial do pastel de Belém, mas com eles havia um novo ator português, que dizia aos dois: "Ó pá, acabei de vir do Brasil e comi lá o melhor bolinho de bacalhau da minha vida". Os outros dois portugueses começavam a rir. E o mais novo continuava: "E foi numa rede italiana, ao preço de 69 centavos". Os outros dois portugueses, dando gargalhadas, retrucavam: "Ó pá, isso só pode ser uma piada! E não é de português!", e se esborrachavam de rir.

O final da nossa história foi vitoriosa: vendemos milhares de bolinhos de bacalhau no Ragazzo e depois no Habib's e nos tornamos o terceiro maior importador de bacalhau do Brasil. O bacalhau inacessível a grande parte da população brasileira se democratizou: milhares de pessoas o consumiam!

Contei as histórias desses dois produtos para exemplificar o verbo democratizar. Para mim, democratizar é fazer que as pessoas tenham acesso aos produtos, experimentem-nos em nossas mesas, e se sirvam, com toda a família, a preços acessíveis.

Espero que você tenha aprendido a ser democrático. Seu consultório está vazio: democratize. Seus produtos não vendem:

democratize. Suas vendas estão baixas: democratize. Sua empresa não vai para frente: democratize. Seus relacionamentos são poucos: democratize. Aprenda a democratizar. Isso ajuda a construir a sua vida!

Mon cher Ami
vous diner a
? J'ai au
est au
à 8 1/4

COMPARTILHAR

◄

Para esse verbo, a artista trabalha o tema da amizade, do companheirismo, da irmandade. Por isso coloca, lado a lado, personalidades que mantêm essa aliança, reproduzindo o trecho de uma carta de Santos Dumont a seus amigos. Sobre ela, desenha a figura do Pequeno Príncipe, personagem do livro criado por outro aviador, Antoine de Saint-Exupéry. No canto inferior esquerdo, a artista reproduz um trecho do livro: "C'est le temps que tu as perdu pour ta rose qui fait ta rose si importante", *ou seja, "Foi o tempo que perdeste com a tua rosa que a fez tão importante", como se dissesse ao autor deste livro: "O tempo que você perdeu com sua empresa é o que a faz tão importante". Imagens dos dois irmãos, Alberto e Belchior, aparecem na composição central como peças que se encaixam num quebra-cabeças. Os elos de uma corrente e a figura da mãe que carrega o filho nos ombros sobre a corredeira reforçam a ideia de companheirismo e união. A chave, atrelada ao coração, aparece no sentido simbólico de fidelidade e confiança. Um pequeno chaveiro do gênio vincula tudo à história do Habib's.*

O CICLO DA VIDA NO COMPARTILHAR

Somos dependentes uns dos outros. Em tudo compartilhamos. Da concepção à despedida final, jamais estamos sós.

No compartilhar do fogo ardente da paixão se descobre o amor. Nesse compartilhar, a vida é gerada. Em todas as etapas dela há que se compartilhar para que tudo prossiga. O aviso é claro: ou se compartilha ou a vida não surge.

No "compartilhar" do óvulo, ele é fecundado e prossegue na missão de brotar o nascimento. No compartilhar do ventre da mãe, surgem os nutrientes que dão o sustento. No compartilhar do leite materno, desponta o amor inseparável e dependente, que se perpetua sempre.

No compartilhar das mãos seguras, damos os primeiros passos. No compartilhar da primeira letra na escola, começamos a entender o mundo novo que surge. No compartilhar do amor jovem, brotam os prazeres maiores, o beijo molhado, as ardências do corpo, a paixão descontrolada e até a promessa do "juntos para sempre" no coração, na alma e em tudo que há de vir.

No compartilhar da fé fervorosa, surge um Deus que ouve as preces e nos protege no amanhã. No compartilhar do trabalho, vem a busca dos sonhos que perpetuam os desejos. No compartilhar dos amigos, nós nos tornamos maiores, crescemos na convivência e nos tornamos muitos. Em todos esses atos de compartilhar, o

> Raras vezes estive só. Quando estive, pouco fiz.

“Os exatos que me perdoem, mas suas exatidões me atordoam; são retilíneos demais.”

só se desespera e não sobrevive. O compartilhar nos faz crescer em tudo o que somos.

COMPARTILHEI E FIZ AMIGOS

"O só nada faz, nada consegue." Essa frase é inspirada no passado que tive. Raras vezes estive só. Quando estive, pouco fiz. A gravura do Pequeno Príncipe representa a definição dos amigos que fiz, traduzida na carta escrita em francês – *mon cher ami* (meu querido amigo).

Nossa história se traduz na obra de arte do verbo compartilhar. Da mesma forma em que num quebra-cabeças cada peça compõe a imagem, assim fomos nós, porque cada pessoa compôs nossa trajetória. Coube a mim juntá-las e motivá-las. Com essas pessoas, construí muitos sonhos, mas foram elas que mais me ajudaram. Na confiança, cruzamos o rio, carregando uns aos outros nas costas, ainda que na corda bamba tivéssemos que passar.

O ditado popular "Diga-me com quem tu andas e te direi quem és" traduz bem o que somos. Fui privilegiado no meu andar, até mesmo no de risco. O crer em mim mesmo e o crer no próximo me fez uma pessoa com amigos queridos. Reinou a amizade em todos os momentos. Procurei ser sempre alegre e feliz. Isso me ajudou. Pessoas alegres e felizes espantam a tristeza e a infelicidade. Os opostos se repudiam e não compartilham o mesmo espaço. Até mesmo o destino, que poderia ser para o mal, se alterou para o bem. Uma breve passagem pode confirmar o que digo.

BONS AMIGOS NOS PROTEGEM

Era o ano de 1968, Colégio Estadual Rio Branco, em Santo Antônio da Platina. Eu tinha 15 anos. Romeu era meu grande amigo e meu ídolo na escola. Era o destaque da nossa turma de basquete. Sua estatura baixa, 1,68 metro, havia lhe dado uma habilidade impressionante de controlar a bola e comandar o jogo. Seus arremessos eram certeiros, quase sempre de três pontos. Suas jogadas incríveis nutriam o orgulho de eu compartilhar sua amizade.

Eu adorava jogar basquete e era um dos mais altos da turma. Esforçava-me ao máximo. Treinava todos os dias. Mas isso não era suficiente. Nos jogos contra os colégios de outras cidades, minha posição não era nem ala, nem pivô, mas banco. Na bondade de meu professor Tanko, eu era escalado por alguns momentos. Aqueles segundinhos eram eternos para mim. Jamais os esqueci.

Depois dos jogos, na roda menor e mais íntima, Romeu me protegia: "O 'Portuga' tá fora desta. Eu não quero que ele fume maconha". Minha pureza, minha alegria e minha amizade sincera eram fiéis escudeiros. Meu amigo foi capaz de me livrar das drogas, mas não de livrar a si mesmo; elas o levaram para o descanso num acidente inexplicável na estrada. Talvez ele já previsse seu destino e não queria que eu tivesse um idêntico. O compartilhar sincero de nossa amizade me protegeu. Romeu é o pseudônimo desse meu amigo querido que se foi e que eu tanto estimava.

O MELHOR DE TODOS

Tive muitos amigos. O maior deles é meu irmão Belchior. Na obra de arte, ele representa todos os amigos, sócios e parceiros que tenho, porém, mais que tudo, ele representa a si mesmo. Belchior é a pessoa com quem mais compartilho meu dia a dia. Desde criança eu o amo. Vivemos sempre juntos. Não houve um único momento de ausência entre nós.

A liderança natural, involuntária, de irmão mais velho foi bem-aceita por ele, não o incomodava. A função de irmão/pai pode ter ajudado em nossa convivência. Os seus 14 anos e os meus 20, quando da perda de nosso pai, levou-nos à obrigatoriedade desse papel.

Mesmo nas horas difíceis, Belchior me acompanhou com a amizade do cão fiel do mendigo, sem se importar com as contrariedades. Está sempre presente, alegre, ao lado do amigo. Foi na semelhança dessa fidelidade que construímos nossas vidas. Compartilhei e me dediquei a ele como se fôssemos um só. Dividi minhas vitórias e tentei livrá-lo das derrotas.

Belchior nunca fez parte da turma do "não". Compartilhava com ele minhas realizações. Em seu silêncio dos verdes campos, onde só se ouvem os ventos, acompanhou-me por onde estivesse. Suas palavras eram do bem e do "sim", jamais do mal ou do "não". Isso me dava a liberdade de optar pelos caminhos e pelas direções que escolhia para mim e para ele também. Foi assim que, juntos, compartilhamos o tempo. Durante todos esses anos.

Com respeito às individualidades, nos casamos e formamos nossas famílias. Pessoas novas se juntaram a nós: cunhados, cunhadas, tios, tias, sobrinhos, sobrinhas, primos, primas, sogros e sogras.

> Em todas as etapas da vida, há que se compartilhar para que tudo prossiga.

Na primeira linhagem brota o incondicional, na segunda há condições. É assim a vida! No tempo que passa, Belchior eterniza-se irmão e amigo, participando das preces atuais e dos pedidos futuros. Espero que no compartilhar do amanhã estejamos juntos, como sempre. Que Deus nos abençoe!

AMIGOS CONSTROEM JUNTOS

A inauguração da primeira Loja Habib's na Cerro Corá foi um sucesso. Quarenta e dois dias consecutivos com fila na porta. A notícia se espalhou por muitos lugares. Todos ficaram sabendo do sucesso; meus amigos, também. Ao me visitarem, compartilhava com eles tudo o que estava ocorrendo no novo negócio. As montagens das primeiras lojas vieram de sociedades com esses amigos. Tornaram-se muitas. Nos dias atuais, passam de uma centena.

Para ser meu sócio não havia que ter cadastros e aprovações, bastava ser meu amigo e nada mais. A experiência do passado, adquirida com meu pai, de vender doces fiado para os donos de bares fez que eu aprendesse a confiar nas pessoas. Os fregueses e amigos de papai não davam "cano" nele. Aprendi que amigos não nos prejudicam, são do bem, nos respeitam, e uns podem ajudar os outros construindo negócios. Foi com esse conceito que cresci no início.

Meus sócios se somavam a cada nova empreitada. Suas participações variavam em até 50% das cotas sociais da loja, de acordo com o que quisessem investir ou do dinheiro que tinham. Meu novo negócio ia bem, e muitos amigos montaram lojas comigo.

Com eles, tenho lindas histórias compartilhadas com respeito e admiração. São exemplos que corroboram nosso conceito de que "o só nada faz, nada consegue". O compartilhar trouxe crescimento para todos!

Foi o compartilhar com amigos que me tornou capaz de abrir muitas lojas no início. Foi esse vaivém de generosidade que me ajudou a dar o *start*. Mas eu queria crescer numa velocidade maior. Foi então que conheci uma senhora que me faria trilhar um novo caminho.

BEATRIZ BRAGA, *MA CHÉRIE AMIE*

Estava trabalhando no Habib's na avenida Dom Pedro, em Santo André, no ABC paulista, nossa sétima loja. Estava na cozinha quando o gerente veio me dizer que havia uma senhora reclamando da conta e queria falar com o dono da loja. Tentei me esquivar. Pedi ao gerente que dissesse que eu estava ocupado e que não podia atendê-la, até porque eu era só farinha: estávamos fazendo os pães sírios e os discos de pizza – não havia como ir até o salão de atendimento.

Mas a senhora insistiu. Percebi que havia algo errado e, antes que a situação se agravasse, lá fui eu. Ao chegar, a senhora estava

O só nada faz, nada consegue.

na cabeceira de uma mesa com vinte pessoas, que trabalhavam em sua empresa de ônibus no ABC. Era morena, bonita, aparentava entre 30 e 35 anos, cabelos negros longos, bem cuidados, muito simpática, de fala amável. Apresentou-se e depois de gentilmente me cumprimentar foi logo dizendo que não se conformava com o valor da conta. Já havia falado com o gerente, e ele insistia que a conta estava correta. O que o gerente não havia entendido é que a reclamação era porque a conta estava com valor baixo demais. Beatriz não compreendia como depois de vinte pessoas comerem tantos lanches, esfihas e quibes, tomarem sucos e chopes, o valor pudesse ser aquele apresentado.

Beatriz era empresária, de raciocínio extremamente rápido, inteligente; logo percebeu que estava diante de um negócio inédito, que poderia dar certo em muitos lugares, inclusive num ponto comercial de sua propriedade. No final, ela mostrou o porquê da pseudorreclamação e da insistência em querer falar comigo. Chegou mais próximo de mim e disse: "Alberto, quero montar uma franquia". Sem que eu soubesse, eu estava diante da primeira franqueada da rede Habib's.

FRANCHISING, A FORMA EFICIENTE DE COMPARTILHAR

Faltava eu entender o que era *franchising*. Ignorava o tema. Minha primeira pesquisa me levou a ler o livro do consultor Paulo Cesar Mauro, que mais tarde se tornaria o meu amigo PCM. Bom de conversa, Paulo tem sempre nas mãos mil e uma oportunidades. Ainda que tivéssemos olhado negócios em diversos países, ainda que viajássemos para as feiras de franquias em Washington e Chicago, ainda que tivéssemos passado quinze dias na China, sendo recebidos pelas principais autoridades, nunca, mas nunca mesmo, fizemos um único negócio. Desconheço o porquê disso. Mas nossa amizade é forte demais, somos amicíssimos, mesmo sem ter realizado negócios. Foi por intermédio de PCM que conheci meu segundo professor de *franchising*, Marcelo Cherto.

Cherto era quem tinha os mais procurados cursos de *franchising*. Tem até hoje. Ele ficava admirado de ter na primeira fila de seus cursos o fundador de um negócio que fazia sucesso e que se comportava, exemplarmente, como um aluno iniciante na assiduidade e no interesse pelo assunto. Cherto se tornou meu grande amigo. Ele e meu querido PCM são, até hoje, minhas fontes inspiradoras de *franchising*. Com eles me transformei em um especialista no assunto.

O *franchising* se tornou a forma mais eficiente de eu compartilhar sociedades e fazer crescer nossa rede por todo o Brasil. Com esse conceito, compartilhei crescimento, progresso, amizades, sociedades, centenas de aberturas de lojas, espaços inimagináveis, clientes pelo país. Minha facilidade de fazer amigos e de acreditar nas pessoas fez que eu descobrisse o *franchising* – a forma mais eficiente de compartilhar e crescer.

O compromisso inicial com Beatriz de abrir a franquia foi, curiosamente, assinado num guardanapo de papel, que perdurou por semanas e existe até hoje – depois foi substituído pelo primeiro contrato de franquia Habib's. Em 1992 inaugurava a primeira loja franqueada na rua Coronel Seabra, 135, em Santo André. Por 22 anos consecutivos, essa loja se classificaria entre as três melhores da rede, e Beatriz seria, e é, minha melhor franqueada. Mais que isso: ela é *ma chérie amie* (minha querida amiga).

Compartilhar ajudou minha vida. Primeiro pelos amigos que fiz, pelas lojas que com eles construí, depois pelo *franchising* que deu outro pique ao negócio. Compartilhar é um bom verbo de prosperidade. Compartilhe!

y=Ax+b.
c² = a² + b²

CRESCER

◂

Por meio de equações complexas e gráficos de retas em constante crescimento, a artista plástica Suzana Garcia demonstra a expansão da empresa e seu desejo inato de crescer sempre. Desde que a empresa era pequena, seu idealizador sonhou conquistar todo o país, estar presente no lar de todos os brasileiros. Sua vontade de crescer foi a engrenagem para o sucesso, e sua fórmula mágica de vender barato foi o combustível. O olhar intenso de Alberto quando criança representa uma empresa que tem paixão pelo que faz e é movida pelos sonhos ambiciosos de seu fundador.

UTILIZE O PODER QUE TEM DE CRESCER

A natureza brindou você com a possibilidade de crescer: no tamanho, no aprendizado, na inteligência, no conhecimento, no relacionamento, na amizade, no amor e na fé. Você nasceu na simplicidade, mas em tudo pode crescer. Nada o impede. Na relatividade, o tempo passa. Há sábios com 40 anos, outros com 60, e outros ainda que se esqueceram de que eram sábios.

Você não é como a rocha intacta que nasce e dorme imobilizada, tampouco como o diamante que teve que esperar centenas de anos para se tornar valioso. A vida não o contempla com tanto tempo: você tem que aproveitá-la e crescer naquilo que lhe vale.

O pequeno óvulo se divide, cresce e se transforma num ser poderoso, capaz de tudo. A simplicidade compreensível cresce na complexidade inexplicável. É o poder do crescer que a tudo transforma.

Para o crescer, não importa onde você está, e sim aonde quer chegar. No desejo de crescer, pobres e ricos se igualam; as atitudes os diferenciam, e a ordem pode ser invertida. Depende de qual crescer for escolhido. No crescer do conhecimento, você tem que estudar; no crescer das experiências, precisa tê-las; no crescer da reciprocidade, tem que se relacionar; no crescer das riquezas, tem que trabalhar;

> Para o crescer, não importa onde você está, e sim aonde quer chegar.

"A natureza brindou você com a possibilidade de crescer: no tamanho, no aprendizado, na inteligência, no conhecimento, no relacionamento, na amizade, no amor e na fé."

no crescer das conquistas, tem que buscá-las; no crescer do amor, tem que se doar; no crescer da fé, tem que crer.

O crescer está naquilo que busca. Não cabe a você ficar inativo, à espera do que pode ocorrer. A semente inativa nenhum fruto dará. O pequeno grão pode crescer e se multiplicar em espigas douradas, ou ser a comida dos porcos. Pobre daquele que não tem o poder de escolha; privilegiado você que o tem. Melhor crescer naquilo que quer.

O pão de nada serve sem o crescer do fermento. Para ser belo, dourado, alimentar e nutrir, ele também precisa crescer. É a indicação de que até mesmo o alimento milenar precisa do crescer para cumprir sua função.

Em todo momento você vai crescer. E a você cabe a escolha de como crescer: na ignorância ou no saber, na solidão ou com todos, no confronto ou na amizade, na descrença ou na fé. Você pode viver na imobilização ou no florescimento dos anos, servindo aos porcos ou gerando sementes. Melhor escolher como quer crescer.

O poder do crescer não está naquilo que você é, mas naquilo que pode ser. O pequeno vendedor exemplifica o poder do crescer ao se tornar presidente. A pequena loja demonstra o poder do crescer ao se multiplicar em outras. O pequeno produto mostra o poder do crescer quando todo o país o consome. A profissão simples mostra o poder do crescer ao ser condecorada com medalhas e com o prazer dos valores reconfortantes. Não há crescer sem o esforço do vendedor, sem a loja que é para todos, sem a qualidade do produto, sem ter que passar pelo simples.

O crescer do puro acaso é raro, só ocorre na descoberta do novo, do especial que faz a diferença entre as opções existentes. A esse crescer temos pouco acesso; mais favoráveis, então, são todos os outros.

A COINCIDÊNCIA DA FOTO

Percebi que agradar a poucos nos dá retorno de poucos. Não queria poucos, queria muitos, queria crescer. Minha foto do diploma do quarto ano primário, que se encontra na obra de arte, indica o mapa, na coincidência inexplicável do que eu conquistaria. A pose na frente indica a simplicidade e a pureza do pouco saber, demonstrando que só o crescer podia fazer a coincidência explicar-se.

Em 2013, confirmou-se a foto da obra de arte: conquistamos o Brasil. A pequena loja cresceu e germinou por todo o país. Para onde ia, a marca encontrava solo fértil e clientes à procura de um local que atendesse a seus desejos. Fomos aceitos em todos os estados, independentemente dos costumes locais. As vinte pessoas da loja inicial transformaram-se em 20 mil, comandadas pelo garoto que aparece na foto.

Percebi que agradar a poucos nos dá retorno de poucos.

A minúscula semente gera a árvore grandiosa, alta, poderosa... Pequeno você é no início, grande pode ser no futuro. Esse é o poder que você tem no crescer.

Mágicas são para mágicos; conquistas são para seres humanos. Quando você descobre o que os clientes desejam e necessitam, eles atendem ao seu chamado e multiplicam-se em centenas de milhares, como numa mágica, incompreensível em seu modo de fazer, entendível nos resultados finais.

A pequena semente cresceu e deu bons frutos. O grão multiplicou-se. Não nos inquietamos como a rocha, tampouco esperamos o tempo do diamante. Fomos em busca do que queríamos, do que sonhávamos e desejávamos. Conseguimos crescer!

O PODER DA RECIPROCIDADE: ENTENDA-A

Um dia, ainda jovem demais, aprendi a ser comerciante vendendo doces com meu pai. Aprendi que não éramos nós que escolhíamos

"Quando você descobre o que os clientes desejam e necessitam, eles atendem ao seu chamado e multiplicam-se em centenas de milhares."

os clientes, e sim eles a nós. Podiam comprar os doces de nós ou dos concorrentes, mas eles eram fiéis a nós, e nós a eles. Nunca mais me esqueci disso.

Aprendi que para crescer no comércio e ganhar clientes é preciso ter reciprocidade. Respeito por respeito, consideração por consideração, amor por amor. Percebi que sem reciprocidade jamais cresceria. Estaria sempre só, viveria das migalhas da bondade e não dos benefícios das conquistas.

Aprendi que na reciprocidade os clientes se tornam prisioneiros do bem, são constantes, motivados no fervor do querer. Aprendi que a conquista, a qualquer custo, sem reciprocidade, os torna cabisbaixos, inconstantes e incomodados. Percebi que os primeiros são clientes que se tornam fiéis para sempre; os segundos escapam assim que puderem.

Defini muito cedo que, qualquer que fosse a profissão escolhida para crescer, eu teria que praticar a reciprocidade do respeito e do amor, e não do abandono e do pouco-caso. Queria clientes motivados.

Há comerciantes que não têm consciência da reciprocidade; talvez por isso não cresçam. Eles enclausuram-se em suas limitações de visão, em seu egoísmo de pouco oferecer, em sua ganância da prosperidade só para si mesmos, do não dividir, do não oferecer o que deveriam. Por isso, vivem sós no circuito comercial, profissional e até pessoal.

No crescer, você vai precisar das pessoas ao seu lado. São elas que o confortarão, trarão esperanças, apresentarão novos caminhos, mostrarão soluções, oferecerão ideias. Juntos, farão você crescer.

Não importa seu tamanho, nem o estágio em que esteja. Você precisa crescer. Procure sua fonte de inspiração, busque a água que faz germinar a semente, encontre no exemplo da árvore a altura que deseja alcançar, pratique a reciprocidade, sirva para ser servido, ame para ser amado, cumpra desejos do próximo para que os seus se realizem. Cresça na vida, na profissão, no comércio, na família e na fé.

Crescer – mais um bom verbo que pode ajudar você a construir sua vida.

"When
all are
one
and
ONE
is all
To be a
rock and
not to roll
And he's
buying a
stairway to
heaven"
COLD
PPM
UNIVERSIDADE
LEITE
promifat

CUIDAR

◀

Ao fazer alusões contidas na letra da música "Stairway to heaven" ("[...] comprando uma escada para o céu [...] Quando todos são um e um são todos [...] Ser uma pedra segura e não a que rola") e usar sinais para cima e setas verticais, a artista plástica Suzana Garcia associa sua obra a uma das músicas preferidas do fundador da rede, cuja verticalização é o principal foco da empresa que construiu. A equação mágica de vender barato se torna possível graças a essa verticalização, que tem o poder de produzir todos os produtos oferecidos aos clientes. A disposição do quadro representa a interdependência das empresas, que, assim como andares de um prédio, estão todas interligadas. São diversas empresas que formam uma única com o objetivo de cuidar dos clientes à sua própria maneira, do seu próprio jeito de ser.

CUIDE DOS TESOUROS

Formar tesouros não é fácil. São necessários amor, desejos, buscas, cuidados maiores. Abençoados são aqueles que os conseguem, os conservam, os protegem, os amam e não os perdem.

Há muitos tipos de tesouro. Cada um tem os seus. Para alguns, o tesouro é a paixão e o amor; para outros, a esposa, os filhos, a família, os amigos; para outros ainda, o trabalho, os castelos que têm. Para os abençoados, tesouro é tudo isso junto e ao mesmo tempo.

É aqui que entra o conceito principal que quero dar ao verbo cuidar. Sejam quais forem os tesouros, há que se cuidar deles. Faz-se necessário estar próximo, olhando tudo, a todo momento. Não é permitido deixá-lo para lá, desligá-lo, "o vejo depois". A dificuldade desse cuidar é que ele envolve dedicação, esforço, atenção e trabalho. E aqui pode começar o problema maior.

Algumas pessoas se perdem no tempo com o descuido e o desamor. Conquistam e depois abandonam; amam e depois maltratam. Não cuidam dos filhos e os perdem. Não cuidam da esposa e são traídos. Não cuidam dos amigos e ficam sós.

> A regra da vida é clara: ou você cuida ou perde. Não há exceção.

Para alguns, o tempo de ganhar e depois cuidar é maior que o seu ciclo de vida. Trabalham e depois se cansam; lutam e depois desistem. O perigo maior é que convencem a si mesmos de que trabalharam muito e agora precisam

“O abandono é mentiroso, engana-nos que estamos no lucro quando o pior está por vir. É traiçoeiro, joga no lixo o que temos. Não se deixe enganar pelo abandono. Ele requer pouco trabalho, mas provoca desgraça na comodidade enganosa.”

aproveitar. Deixam de fazer o que faziam, descuidam-se. No tempo final, as dificuldades brotam por todos os lados.

Aos que muito têm, as perdas do descuidar, do pouco-caso e do abandono não fazem falta; mas, aos que não estão tão bem, o inoportuno e o desassossego batem às suas portas, às vezes, na idade que isso não lhes convém.

Escrevi tudo isso para conscientizar você de que cuidar é a única forma de preservar os tesouros e dizer que a regra da vida é clara: ou você cuida ou perde. Não há exceção. Cuidar é um verbo trabalhoso, mas de bons resultados.

NÃO SE DEIXE ENGANAR – A VOCÊ COMPETE O CUIDAR

Por que você haveria de entregar seus tesouros ao cuidar dos estranhos? Por que haveria de deixar o que tem de melhor ao cuidar dos desconhecidos? Por que daria aos descompromissados o cuidar do que conquistou? Por que daria ao próximo distante o cuidar das dificuldades que enfrenta? Suas mãos entendem melhor o que é e o que quer. A elas cabe o cuidar dos seus tesouros pessoais e profissionais!

É preciso que você tenha cuidado com os estranhos, os desconhecidos, os descompromissados, os próximos distantes. Eles são mais acessíveis ao abandono. Desconhecem o seu passado, não degustaram os dissabores que você teve nem sofreram a dor dos seus tombos. Por isso, não os valorizam, veem só o presente, confundem-se na avaliação. Não se engane – e não entregue nada a eles. Cuidado. A você compete o cuidar.

O abandono é potente no destruir. Ele o faz com grandeza, poder e convicção. O abandono abala e a tudo compromete, traz a miséria inesperada e o desespero final, quando tudo já foi perdido.

O abandono é mentiroso, engana-nos que estamos no lucro quando o pior está por vir. É traiçoeiro, joga no lixo o que temos.

Não se deixe enganar pelo abandono. Ele requer pouco trabalho, mas provoca desgraça na comodidade enganosa.

Cuidado com a escolha inconsciente do abandono, feita pela consciência inconsequente do pouco fazer. É esse seu perigo maior.

Cuidar e abandonar, dois verbos poderosos. O primeiro, trabalhoso; o segundo, preguiçoso. O primeiro, responsável; o segundo, irresponsável. O primeiro é para construir a sua vida; o segundo, para destruí-la.

COMEÇAM OS PROBLEMAS

Início de 1996. Éramos dezessete lojas. Nossa rede crescia a todo vapor. As vendas iam bem, com faturamentos excelentes. No final do mês, surgia a recompensa que tudo move e que faz as pessoas sorrirem: lucro. Sem ele, o caminho seria longo e tortuoso.

Mas houve um problema sério que colocou em risco a continuidade da rede. Começaram a brotar reclamações da qualidade dos produtos por todos os lados. Preocupei-me demais. O restante dos sócios nem tanto. Estavam felizes com as lojas lotadas. A poupança do lucro os motivava a abrir novas lojas. Para eles, os riscos das reclamações eram normais. Ponderavam: "Qual restaurante não tem reclamação?".

No desejo maior do crescer, há que torná-lo permanente. Para isso, eu tinha que cuidar dos problemas para que não prosperassem e não nos derrubassem. Não há nada pior do que problemas ocultos: aqueles que existem, mas que os sócios não veem. Eles são como a corrosão à beira-mar, que destrói lenta e gradualmente tudo sem que as pessoas percebam.

O abandono é potente no destruir.

Observei que havia variações no tamanho, no aspecto e no sabor dos produtos. As reclamações continuavam. Fui entender o porquê. Na inauguração de cada loja, eu passava trinta dias ensinando todas as receitas aos sócios e chefes de cozinha contratados. Depois, ia inaugurar a loja seguinte. Foi assim até a décima sétima loja. Mas nem sempre os novos alunos eram perfeitos no aprendizado; eles, por vezes, falhavam. Quem sofria eram os clientes, que sentiam as mudanças nos produtos, e eu, que buscava uma solução urgente.

A COZINHA CENTRAL

Catorze de julho de 1996. Fazia dez dias que tínhamos inaugurado a cozinha central do Habib's. Um projeto que demoraria um ano consegui construir em três meses e doze dias. A urgência me obrigou a isso. A solução que procurava, encontrei.

> Sejam quais forem os tesouros, precisamos cuidar deles, a todo momento, a toda hora.

Inaugurei a cozinha central de produção de alimentos. Não havia tempo para descanso. O cuidar da fabricação dos produtos era intenso. Estava trabalhando na missão de, num único lugar, produzir todas as receitas para as dezessete lojas existentes. Viriam mais. A centralização da produção começava a surgir.

O trabalho era intenso e cansativo, e exigia minha presença. As receitas eram produzidas ao pé da letra, e a qualidade era total. Aplicava todo o conhecimento que havia adquirido com a experiência acumulada.

Era noite, precisava dormir ao menos quatro ou cinco horas. Procurei um lugar para me deitar; não encontrei. Descobri uma escada nos fundos que dava acesso ao teto das câmaras frigoríficas, onde ficavam os motores que trocavam o ar quente pelo frio. O local era baixo, não permitia ficar de pé, apenas deitado. Era o que procurava. A temperatura do local era quente, mas suportável. O inverno ajudava. Mas não importava. Fosse o lugar que fosse, eu dormiria o sono profundo do desmaio, já em atraso, à procura de qualquer lugar para o meu corpo descansar. Ajeitei um colchão provisório, feito de caixas de papelão. Não havia coberta, muito menos lençol; nem precisava. Foi nesse local que repousei.

Fazia uma semana que não voltava para casa. As pessoas que trabalhavam comigo observavam tudo o que ocorria. Iam e voltavam para suas casas e ainda me encontravam lá. Tentavam fazer o mesmo esforço, na tentativa de me ajudar. Eu dava o exemplo de um comandante batalhador que luta para que tudo dê certo. Ali estavam as pessoas que haviam me acompanhado durante todos aqueles anos: Zé Quibeiro comandava a turma do quibe; Gervásio, a turma do fogão; Eugênio, a do açougue; Josué, a da padaria, que fabricava discos de pizzas, pães sírios e de hambúrguer. Equipe de seleção. Caras bons mesmo! Estavam motivados. Eu cuidava deles como guerreiros irmãos. É esse o espírito do cuidar que aplico.

Alguns sócios me procuraram, entre eles a família Silva. Marcelo era um deles e mais tarde seria destaque. Propôs me ajudar todos os dias. Contei com todos os sócios. Minha missão era cuidar para não deixar faltar um único produto nas dezessete lojas e que todas fossem o mais bem-sucedidas possível. As reclamações diminuíam. Qualquer erro poderia acabar com o desejo da verticalização e da centralização da produção, que agora surgia com força total.

Então aconteceu o que eu não esperava: Nezinho foi o primeiro sócio a querer me derrubar.

PEGUE O TOURO DE FRENTE

Estava na cozinha central. Pela manhã, verificava as listas de pedidos das dezessete lojas. Três delas não as haviam feito. Liderados por Nezinho, os sócios dessas três lojas queriam boicotar a produção centralizada. A minúscula turma declarou que não ia solicitar os produtos da central. Quase caí da cadeira. Éramos como irmãos, não guerreiros adversários! Eu havia ensinado as minhas receitas a eles, inclusive a Nezinho, uma a uma. Ele não podia fazer isso comigo. Mas estava fazendo.

Nezinho era um senhor de 1,63 metro de altura e magro como um jóquei, com bigodinho à la Cantinflas, educado quando se estava por perto, inconveniente pelas costas. Eu havia vendido parte de uma loja a ele e ao Elias, meu sócio amado, querido e saudoso, com quem fiquei por todo o sempre. Nezinho havia passado trinta dias comigo aprendendo minhas receitas.

Agora, Nezinho dizia que as receitas que ele fazia eram mais saborosas que as minhas e que continuaria a produzi-las na cozinha de sua loja. Para ele, as reclamações dos produtos feitos em seu estabelecimento não procediam, não faziam sentido. Além do mais, sua loja vivia lotada. Fazia parte do jogo perder alguns clientes.

Minha intenção era mudar o esquema inicial. As cozinhas das lojas eram pequenas. E isso trazia problemas. Não havia espaço para a produção. No fogão, as panelas faziam fila à espera de bocas para serem aquecidas. O ambiente sujava com as cascas de cebola e os tomates que eram picados. A produção de pães ocorria ao mesmo tempo, e a farinha caída no chão piorava o aspecto geral. Sem contar o problema da quantidade de funcionários: eram muitos e mal cabiam naqueles espaços.

Além da produção de receitas, havia o trabalho principal: entregar quantidades enormes de produtos solicitados pelos clientes. Só esses pedidos já eram suficientes para ocupar toda a equipe da cozinha. Era humanamente impossível, no pequeno espaço físico, elaborar todas as receitas e ao mesmo tempo servir milhares de clientes. A solução inicial, de cada loja produzir as receitas do cardápio, tinha que mudar.

“Fazer tudo dar certo” é algo que sempre busco. A placa indicativa dos dias atuais, colocada na porta do escritório central, tem os mesmos dizeres 25 anos depois.

Antes de existir a cozinha central, os produtos das lojas diferiam e não havia controle de produção. Num dia em que a previsão de vendas de quibe era de dez caixas, Nezinho fazia trinta. As sobras não o incomodavam. Se ele não vendesse os quibes no primeiro dia, venderia no segundo ou no terceiro. Esquecia-se de que a qualidade se altera com o tempo.

As reclamações na loja do Nezinho continuavam a pipocar. Agora mais graves. Resolvê-las virou minha prioridade número um. Nezinho continuava a não colaborar. Rebelava-se e tentava convencer os outros sócios a fazer o mesmo. Dizia: "É absurdo parar a produção das receitas na loja e ter que pedir à cozinha central. O Alberto ficou louco. Essa história de cliente reclamando é pura conversa!".

Nezinho não sabia que eu era apaixonado por touradas portuguesas, fonte de inspiração para minha vida. Havia assistido à demonstração de coragem de um toureiro português que elegantemente e cheio de pose, sem nada nas mãos, colocava-se de pé de frente para o touro bravo e o instigava a enfrentá-lo em igualdade de condições. O embate era emocionante: o toureiro com a coragem dos vencedores e o touro com a força da bravura. A uma velocidade incrível, o touro furioso vinha em direção ao toureiro, que se posicionava no meio da cabeça do touro e o agarrava pelos chifres. O toureiro contava, somente, com a coluna de dez colegas solidários que estavam em fila atrás dele e o ajudavam a fazer o touro parar.

Convoquei todos os sócios e fiz nova reunião. Repeti as explicações do porquê da cozinha central. A centralização da produção traria produtos de mais qualidade e eliminaria as reclamações dos clientes. Recordei que a cozinha central era propriedade da Século XXI, empresa que eu criara com os sócios das dezessete lojas. Disse que o interesse era de todos. Um novo acordo verbal foi selado. Nezinho nada falou e balançou a cabeça para cima e para baixo.

No outro dia, pela manhã, solicitei a lista de pedidos das lojas e fui direto à de Nezinho. Os principais produtos não constavam ali, havia apenas alguns itens. Nezinho estava me enganando. A história do toureiro me inspirou novamente. Além da coragem do toureiro, eu tinha a fúria do touro. Peguei o Opala Diplomata, chamei o Zé Quibeiro e saí voando para a loja do Nezinho. Lá chegando, encontrei o sujeito, na bagunçada cozinha de sua loja, fazendo os produtos que deviam ter sido pedidos para a cozinha central.

Peguei os sacos de lixo que levara e previra usar, abri as portas das geladeiras e comecei a despejar todos os quibes dentro deles. Depois foi a vez das carnes temperadas. Deixei a geladeira limpa, sem nada. Oito sacos de lixo, lotados, foram jogados fora. A fúria era grande demais, e a estatura do touro adversário não lhe dava chance de me enfrentar de frente. Além do tamanho, sua coragem era menor que a minha. Eu tinha que cuidar das minhas receitas e do sonho futuro; ele, não. Além disso, por termos feito um acordo no dia anterior – não cumprido – ele não teve condição de expressar qualquer sentimento de repúdio. Não havia moral para reação alguma.

O tempo passou, a rede cresceu. Nezinho não fazia mais parte dela. Vendera sua parte comercial. Com o dinheiro que recebeu, comprou parte de um restaurante. Confirmou-se que o sonho dele não era igual ao meu. Aquela cozinha central seria a semente da verticalização que, posteriormente, ocorreria em toda a nossa rede.

Esse episódio me trouxe o aprendizado de que os produtos deveriam ser feitos por nós mesmos. A teoria do cuidar do tesouro se colocaria em prática. Ninguém cuida melhor de nossos produtos que nós mesmos. Eu não queria outros "Nezinhos" pela frente.

Nos negócios, há de tudo: descompromissados que não cuidam dos clientes. Gananciosos que fazem os produtos com menor

“Não há empresa mais sólida quando todos são um e um são todos.”

qualidade, no intuito de obter lucro maior. Atravessadores que ganham dinheiro comprando de um lado e vendendo do outro. Diretores de indústrias que encarecem os produtos por causa de suas enormes e descontroladas estruturas administrativas. Eu não queria me sujeitar a nada disso. Decidi que nós mesmos cuidaríamos dos nossos tesouros.

A VERTICALIZAÇÃO DAS EMPRESAS

Ter personalidade poética fez muito bem à minha vida. Vantagem competitiva é própria do signo de Gêmeos. Envolvi de forma emocional o ato de comercializar. Foi assim que dei vida aos negócios que tive e ainda tenho. Mais do que ganhar dinheiro: eu criava para realizar (também) os desejos das pessoas. Essa equação é forte demais.

Ter personalidade empresarial me ajudou a construir o Habib's. Quebrei o tabu da terceirização na época em que só se falava dela. Íamos criando, montando e cuidando conforme necessitávamos. As empresas de terceiros não atendiam o que queríamos. O sorvete caro me fez criar a Sorveteria Ice Lip's/Portofino. Os pães de hambúrguer sem qualidade e com atrasos na entrega, a Panificadora Arabian Bread. Os projetos demorados, a empresa Vector 7 – Projetos e Construções. A faixa de lona de má qualidade, o Sign. A agência sem tempo e dedicação exclusiva, a PPM Publicidade. A falta de um *contact center* para atender o nosso *delivery* em todo o Brasil com um único número, o Voxline. A agência de turismo desatenciosa, a Bib's Tur. Os corretores sem exclusividade, a Planej Assessoria Imobiliária. E a falta de escola especializada em alimentação e atendimento me fez criar a Universidade Habib's. O lema era: "Necessitamos – criamos – cuidamos".

Com essa verticalização nos tornamos mais hábeis, ganhamos competividade e, principalmente, economia de escala. A cada loja inaugurada, a cada aumento no volume de compras, menor o preço das matérias-primas. Ganhamos na qualidade dos produtos: num dia nosso laticínio capta o leite, no outro produz os queijos e no outro, os envia para as lojas com mais qualidade e menor preço possível.

Passados os anos, todas as cozinhas das lojas se dedicam somente a cuidar dos pedidos dos clientes; não há produção interna das receitas do cardápio. Nezinho não me fez mal, fez-me bem. Fez-me redobrar meus cuidados. Inspirou-me a enfrentar os problemas e cuidar mais dos produtos. Serviu de exemplo a quem era contrário a essa ideia. Nezinho me trouxe problemas, mas aguçou meu cuidar. Confirmou-se: cuidar é a única forma de preservar os tesouros.

"STAIRWAY TO HEAVEN"

A artista plástica Suzana Garcia conseguiu, em sua obra de arte, demonstrar o lado emocional e racional da minha trajetória de empresário ao se inspirar na música "Stairway to heaven" para fazer alusões à verticalização.

Eu acreditava firmemente que verticalizar poderia ser um diferencial imbatível da nossa empresa. Com a verticalização, eu poderia construir "uma escada para o céu", colocar nossa empresa no alto, aonde poucos pudessem chegar. Teria uma escada exclusiva de ida e vinda para realizar meus desejos. Algo misterioso e surreal, mas, ao mesmo tempo, inteligente e verdadeiro.

Construir uma "escada para o céu" pode nos inspirar a ter muitas ideias. Não sabemos o que há por lá, apesar de podermos imaginar o que quisermos. A verticalização permite esse pensamento. Por exemplo, se eu quiser lançar um produto, não preciso pedir a ninguém para criar, desenvolver e vender. Tenho todos esses poderes.

"WHEN ALL ARE ONE AND ONE IS ALL"

Há mais em nossa obra de arte, algo que enraíza o lado poético do verticalizar. "When all are one and one is all" se traduz em "quando todos são um e um são todos". Que definição seria melhor que essa frase para caracterizar uma empresa verticalizada? Não há empresa mais sólida "quando todos são um e um são todos". A força é poderosa, o poder sobressai, o respeito impera, o domínio se faz presente. Coube a mim juntar várias empresas em uma única para torná-la mais forte.

"TO BE A ROCK AND NOT TO ROLL"

Para completar as alusões à "Stairway to heaven", nossa obra de arte vem com o texto "to be a rock and not to roll", que pode ser traduzido como "ser uma pedra segura e não a que rola". A mensagem nos traz o sentido de sermos firmes em nossos desejos, firmes no que queremos, firmes nos princípios, firmes em conservar as características do DNA com que nascemos, firmes em nossos objetivos, e jamais ficar rolando sem saber o que nos espera pela frente.

Cuidei de construir uma escada para o céu, cuidei de todos sermos um e um sermos todos, cuidei de construir uma empresa sólida como rocha e não como uma pedra que role. Foi o que busquei no cuidar da empresa a quem dediquei 25 anos.

DIVERSIFICAR

◀

À primeira vista, o quadro retrata um ambiente tipicamente árabe, com tapeçarias, lustres, mosaicos e arabescos, simbolizando a origem e a essência do Habib's – um fast-food de comida árabe. No entanto, ao olhar detalhadamente, percebemos diversos produtos escondidos: uma salada como parede, um prato de massa como mesa, uma porção de batata segurando um quibe como arandela e um pastel de Belém como lustre principal. A artista plástica faz uma alusão ao Habib's, que parece ser somente um restaurante árabe, mas oferece uma variedade de sabores mundiais. Esses produtos representam a diversidade do cardápio com itens da gastronomia portuguesa, italiana, brasileira, norte-americana, alemã, belga. Com essas opções, as pessoas passeiam pelo mundo por meio dos sabores, sentindo-se à vontade para fazer suas escolhas. Pessoas livres para pedirem o que quiserem são mais felizes. É por essa porta que o Habib's entra em seu dia a dia.

NASCEMOS NO QUERER DIVERSIFICAR

Adoramos um apartamento, queremos outro; adoramos uma cidade, queremos outra; adoramos um carro, queremos outro; adoramos um relógio, queremos outro; adoramos uma roupa, queremos outra. As mulheres sabem bem o que é diversificar, quando a bolsa do momento não lhes tira o desejo de comprar outras. Na cor, no couro ou na pele, buscam o diversificar, que dá o *status* que o único não traz.

Nem mesmo as crianças são felizes com o único: no diversificar dos brinquedos, encontram novas imaginações e viajam em seu mundo de fantasias que o único não permite. Até aos músculos cabe o diversificar dos exercícios para que saltem e sobressaiam. Na repetição do exercício único, sobrecarregam-se uns e inutilizam-se outros.

Ninguém quer uma única coisa. Até para chegar a ela, há que passar por muitas. É a experiência do diversificar que traz mais conhecimento, mais experiência, mais energia, mais técnica, mais aprendizado.

No diversificar variamos, buscamos, experimentamos, nos surpreendemos. Com o diversificar, vem a seleção que nos traz o poder de decidir o que serve e o que não serve. No único não há opção, pode haver adaptação – há que ser excepcional para o único ser preferível ao diversificar.

Com o diversificar, vem a seleção que nos traz o poder de decidir o que serve e o que não serve.

“No diversificar, as experiências são dinâmicas e atraentes. Nelas, encontra-se do excepcional ao velho, do bonito ao normal, do colorido ao cinzento, do gostoso ao insosso, da variedade ao comum.”

Diversificar traz alegria em sua variedade, consagra-se no que se propõe. Atende aos crédulos que, na procura da paz, se diversificam por caminhos diversos. Atende às etnias que se habituam a seus costumes, mas neles não ficam presas. Atende aos jovens que, na dúvida do que buscam, procuram a diversidade para que tudo conheçam e não fiquem para trás. Atende aos empresários que, na ansiedade de vencer, buscam a diversificação, tentando ultrapassar os limites existentes. Atende às religiões que, num único Deus, diversificam as promessas na paz, na proteção, na saúde, no próspero, na salvação, no eterno.

No diversificar, as experiências são dinâmicas e atraentes. Nelas, encontram-se do novo ao velho, do excepcional ao normal, do colorido ao cinzento, do gostoso ao insosso, da variedade ao comum.

O único cabe bem aos robôs, que repetem a mesma coisa todos os dias. Fazem isso com precisão, sem erros, mantêm-se na correção do fazer sempre igual. Mas peça que façam um tim-tim a mais – que gargalhem, por exemplo, e veja o que acontece. Não se atrevem. A diversidade não lhes pertence. Não lhes compete um único item a mais ao que se programaram. São mecânicos, não emocionais; são precisos, não divertidos; são sólidos, não flexíveis. É neles que o único predomina sobre o diverso, que lhes dá o tom monótono e constante.

É no diversificar que encontramos o sabor que nos surpreende, o curioso que procuramos, o desconhecido que não esperamos, a inovação que não sabemos.

Aos poucos, as pessoas se acostumam com o único por não conhecerem o diverso, por falta de oportunidade, por ausência de experiências maiores, por se prenderem aos costumes repetitivos de sempre, por não quererem sair do mesmo. Acomodadas, consomem sempre o mesmo. Por vezes, se reprimem. Talvez na liberdade se deixassem levar pela diversidade mais ousada.

Diversificar a alimentação é democratizar a escolha, tornar

algo possível para todos. Ser livre para o que quiser experimentar. Voar para os sabores que desejar. Não quero uma coisa, pego outra. Não quero sentar, ando. Não quero andar, sento. Diversificar permite variar. Do que mais gosto? Disso ou daquilo? Há escolha. A liberdade do que quero transcende o que me impõe. Não é sempre a mesma coisa, o mesmo gosto, o mesmo sabor. As opções são amplas e abrangentes. O abraço é maior. Melhor é diversificar!

Ao único, isso não é permitido. Há caminhos que nem sempre se quer, são sempre os mesmos, não diferem em destino final. Há obrigações sem liberdade de escolha. Não há o livre decidir. Você quer combinar isso com aquilo, não pode. Quer mudar o que já existe e não serve mais, é proibido. Quer o salgado, só existe o doce. Quer o doce, só existe o salgado. O único inibe.

> Pessoas livres para pedirem o que querem são mais felizes.

A MAGIA DE LAS VEGAS

No final de 2006, descobri Las Vegas. Fui passar o Réveillon lá. A cidade é impressionante! Quero compartilhá-la com você, meu leitor. Quem sabe um dia você a descubra, caso ainda não o tenha feito. Ao que parece, não há local no mundo mais diversificado para passar uns dias e se divertir.

Céline Dion, Madonna, Elton John, Britney Spears e Lady Gaga estão sempre por lá fazendo shows. Os maiores talentos do Cirque du Soleil também estão em Las Vegas, com apresentações maravilhosas e surpreendentes. É um mundo mágico a seu dispor.

O diversificar em Las Vegas está por todos os lados. Há pistas de corrida para você testar suas habilidades numa Ferrari ou num Lamborghini. No simulador de falta de gravidade, você flutua como se estivesse na Lua. Há coisas malucas, como praticar tiros com metralhadoras e fuzis iguais aos do exército – ao custo de cerca de duzentos dólares, você tem direito a trezentos tiros.

Se quiser passear com seus filhos, você pode ir ao hotel MGM e se divertir no zoológico ou nas montanhas russas, que são tão altas quanto as dos parques de Orlando. E, se faltar um parafuso na cabeça, você pode praticar *bungee jumping* em uma torre gigante e pular de mil metros de altura, amarrado pelas pernas, e ficar pendurado de cabeça para baixo.

Se depois de tudo isso sobrar alguns dólares, ou você tiver sorte nas maquininhas de caça-níqueis, pode fazer um lindo passeio de helicóptero pelos vales do Grand Canyon. Nesse passeio, o piloto pergunta: "Com ou sem emoção?". Ao dizer "com", você paga os pecados em voos rasantes profundos de quinhentos a mil metros de altura. No final há recompensa: o helicóptero para no topo do Grand Canyon e o champanhe Dom Pérignon está à sua espera num balde com gelo. Se depois do passeio você se entusiasmar com a parceira (ou parceiro) ao lado e quiser casar naquele momento, pode passar no *drive-thru* da igreja e selar o casamento sem sair do carro, por 99 dólares.

Em Las Vegas tudo é possível. Fincado no meio do deserto, onde a água é escassa, o buraco número 18 do campo de golfe do Wynn, um dos melhores do mundo, termina numa cachoeira enorme de cinquenta metros de altura, com direito à passagem por baixo das águas.

A cidade é linda. Em cinco dias, você desfruta tudo. "Não se pode morrer sem conhecer Las Vegas" é o que dizem. Se você puder, visite-a. Não vai ajudar a construir a sua vida, mas vai alegrá-la.

AS BATATAS IMBATÍVEIS

Foi nessa viagem a Las Vegas que conheci as melhores batatas do mundo. Estava sentado à mesa com dois amigos: Sadalla, que representa o hotel Wynn de Las Vegas, e Alex, seu vice-presidente. Estávamos com fome, Sadalla chamou o garçom que nos atendia e pediu duas porções de batata frita. Quando chegaram, quase caí de costas. Eram as mais gostosas que já havia comido até aquela data. O sabor era maravilhoso e surpreendente, e elas eram crocantes, sequinhas. Foi então que comentei com Sadalla: "Isto aqui é bom demais. Preciso saber de onde vieram essas batatas fritas". Sadalla respondeu: "Da cozinha". Eu disse: "Lógico! Mas preciso descobrir a marca e quem fabrica essas batatas".

As batatas servidas em nossa rede Habib's eram excelentes, mas não se comparavam àquelas. Eu tinha que descobrir sua origem, mas Sadalla, que estava jogando naquela hora, não prestou atenção a essa história.

Expliquei então a Alex a importância que aquelas batatas fritas tinham para mim. E ele deu alguns telefonemas e logo localizou a cozinha que servia aquela área do cassino. Fiquei contente e disse a ele: "Com esse produto, vou conquistar milhões de clientes. E minhas batatas fritas serão melhores que as dos concorrentes".

Vinte e cinco minutos depois de muito caminhar, chegamos à cozinha do Wynn. Havia um problema: o *chef* de cozinha nos trouxe seis caixas de batata de marcas diferentes. Implorei a Alex e Sadalla que pedissem a ele para abrir as seis caixas e fritar uma porção de cada para experimentarmos. O *chef*, meio contrariado, torceu o nariz, sem saber o porquê daquilo tudo; ele não queria abrir tantas caixas de batata sem saber o que faria com elas depois. Ao receber a solicitação pessoal de Alex, fez o que havia sido pedido. Ao degustarmos, todos afirmaram: é esta a batata frita que procuramos. Fomos ao rótulo da caixa. A batata era fabricada na Bélgica, e o *chef* de cozinha foi logo dizendo: "Essa é a batata de mais qualidade que temos e a mais cara também; custa o dobro das outras". Pedi o rótulo da caixa, anotei os dados num papel que tinha no bolso e nos "lembretes" do meu celular. Não podia perder o nome da fábrica, o endereço e os números de telefones existentes na caixa. Aquelas batatas iam fazer diferença para nossos clientes.

DA BÉLGICA PARA O BRASIL

Cheguei ao Brasil. A primeira reunião foi com Mauro Saraiva. Além de primo, ele é meu diretor de ouro, meu preferido, candidato seríssimo a me suceder. Trabalha comigo há 23 anos. Iniciou sua carreira como ajudante no escritório, fazendo serviços financeiros. Há muitos anos cuida das principais indústrias de produção de alimentos, além de ser sócio de lojas e de outras empresas importantes da rede. É como um curinga: serve para tudo e faz muito bem seu trabalho. Como num espelho, me vejo nele. Mauro tem 45 anos, estatura média, é loiro, boa-pinta e faz de tudo para estar com a linda esposa Kátia e seus dois filhos. Eles constituem uma família exemplar. Além de excelente administrador, Mauro é um bom pai, bom marido, bom primo, bom sócio e excelente amigo. Por tudo isso é que acabo de elegê-lo CEO da nossa rede Habib's.

> "Antecipe-se" quando você tiver pessoas com mais de idade por perto. Elas podem ter algo que você desconhece e que procura sem saber o que é.

Mauro é meu realizador de produtos. Eu penso, crio, desenvolvo, e ele se encarrega de produzir. Eu, de forma artesanal; ele, em alta escala, de forma industrial. Coube ao Mauro entender toda a história das batatas fritas de Las Vegas. Dei-lhe a missão de encontrá-las e viabilizar os preços. No início, tudo corria contra. As batatas tinham que ser importadas, os preços eram altos, e a fábrica belga não tinha produção suficiente para exportação; poucos países as recebiam. Mauro aprendeu que acreditar e persistir faz parte de sua personalidade. Viajou à Bélgica e lá conheceu o dono da fábrica, que tinha um desejo enorme de vir ao Brasil.

Semanas depois, o dono da fábrica desceu no aeroporto em Guarulhos, em São Paulo. Ao conhecer a nossa central de produção e nossas lojas, ficou impressionado com o que viu. A negociação foi dura, mas saiu. Testamos as batatas nas lojas. Confirmou-se: os clientes amaram, e elas se tornaram um grande diferencial em nossa rede.

O marketing foi acionado e em maio de 2012 lançamos as batatas fritas belgas em todo o Brasil com o lema "Yes, nós temos batatas belgas". Rapidamente, multiplicamos as vendas. Conquistamos milhões de clientes e nos tornamos o maior importador de batatas fritas da Bélgica. Diversificamos nosso cardápio com mais um produto de outro país.

DÊ OUVIDOS AOS DE MAIS IDADE

Entre as histórias de aprendizagem das receitas, duas foram responsáveis pelos meus dois produtos mais importantes.

Por coincidência, ocorreram com pessoas de mais de 70 anos. Sempre privilegiei as pessoas com mais idade: elas sabem mais que ninguém, suas mentes são completas no que viram e viveram, amadureceram nos anos de conhecimento, experimentaram do amargo e do doce, conheceram como a vida se passa. Por isso, sempre procurei ser receptivo às pessoas com mais idade, queria saber de suas experiências, antecipar-me nas descobertas e com elas colher frutos melhores.

Aproveite quando você tiver pessoas com mais idade por perto. Elas podem ter algo que você desconhece.

A primeira história foi a do Paulo Abud no surgimento da Bib'sfiha de carne. A segunda ocorreu anos depois de eu ter aberto o Ragazzo. Num momento em que eu estava procurando o produto carro-chefe, tive a sorte de encontrar o italiano Luigi, o homem com quem mais desenvolvi receitas, um amigo de 82 anos, forte e firme como um touro que convive comigo até

Não se limite a fronteiras: saia para o novo. A você é dado sentir o gosto da liberdade de escolha.

hoje. Com Luigi, criei deliciosas coxinhas – eleitas pelo jornal *Folha de S.Paulo* as mais gostosas da cidade. Com elas surgiram os quiosques do Ragazzo Express. Em apenas seis meses, cinquenta já estavam funcionando. Serão quinhentos em cinco anos. Com o Ragazzo Express, conseguimos entrar pela primeira vez em lugares estratégicos como aeroportos, metrôs, avenida Paulista e shoppings badalados de primeira linha do Brasil. Mas o negócio se dá bem em qualquer canto da cidade, seja de maior ou menor poder aquisitivo, o que permite a expansão acelerada por todo o país. Esfihas e coxinhas, produtos de sucesso, vieram por meio do conhecimento de pessoas com mais idade.

Com nossos produtos, criamos os cardápios mais diversificados de *fast-food*. Concorrentes lançam mão só de hambúrguer, só de frango, só de pizza. Ao citar cada produto deles, você se recorda da marca. Todos preferem o único em lugar do diversificado. Mas nós preferimos diversificar.

DIVERSIFIQUE O QUE PUDER

Foi na diversificação que encontrei um dos pilares do sucesso. Foi com ela que conquistei milhões de clientes à procura de produtos que atendessem a seus desejos. Nas famílias, pessoas de diferentes idades têm desejos diferentes, que mudam com o dia e a noite, com a semana e o final dela. É no diversificar que elas se encontram.

Diversificar foi um dos verbos que persegui por todo o tempo. A cada oportunidade, agarrava-o com unhas e dentes. Não perdi uma única chance. A cada novo produto, uma nova história. Há que se valorizar a origem do produto, sua forma de ser e de se apresentar. Na somatória, encontrei um conjunto vitorioso. Todos os produtos somados formaram a diversidade que nos fez vitoriosos.

Não se limite a fronteiras: saia para o novo. A você é dado sentir o gosto da liberdade de escolha.

Diversifique suas amizades, quem sabe algumas novas o façam mais feliz. Diversifique a forma de amar seus filhos, uma delas pode torná-lo mais íntimo deles. Diversifique o amor com sua esposa e realize com ela seus sonhos.

Pinte e borde das formas mais diversificadas que puder. Seu mundo será alegre e colorido, e isso pode lhe fazer bem.

Encontre-se e realize-se em seus desejos múltiplos, você tem direito a não ficar num só até que ele se esgote.

Para mim, diversificar ao escrever este livro foi complicadíssimo. Tive várias intercorrências. Numa operação errada que fiz no computador quando estava escrevendo este capítulo, perdi 96 páginas. Eu não tinha cópia. Mesmo contratando a empresa de computação mais conceituada de São Paulo para a recuperação, isso não foi possível. Não importa. Persisti. Foram necessárias dezenas de madrugadas para reescrever. Espero que tenha valido a pena e que este verbo, de alguma forma, ajude você a construir sua vida.

MOTIVAR

◂

Ao conduzir a todos morro acima, uma grande e poderosa locomotiva coloca as expectativas nos trilhos e as direciona para o sucesso. Totalmente formada por recortes de prêmios motivacionais distribuídos pela rede, a obra de arte traz rodas de motos, portas de carro, cenários de viagens e, à frente, um navio, numa alusão à data dos 25 anos da empresa. Em cada janela, retratos de vitórias e cenas de comemoração demonstram a importância da força de vontade, de tudo o que verdadeiramente move as pessoas. Nesta obra, a artista abusa das metáforas e não deixa passar despercebida a figura do maquinista.

MOTIVAR DÁ O TOM À VIDA

Muitas situações externas interferem na formação da nossa personalidade. Estamos sempre sujeitos a algo de fora que toca nossa existência e nos modifica. Jamais nos achamos isolados, mas sempre sujeitos a interferências.

Quando nascemos, e quando ainda jovens, somos como a ilha virgem que é dependente do que acontece. As situações externas a que é submetida é que definem a ilha como paradisíaca ou inabitável, ser de muitos ou de poucos, servir ou ficar isolada. Nela, tudo pode ocorrer: a água que bate pode ser quente ou gelada; o vento sopra como brisa ou furacão; o céu se cobre de azul ou negro; o tempo predomina na chuva ou no sol. São as interferências externas que a definem. Sua existência pode ser boa ou má. Assim como a ilha também somos nós: dependentes do que nos acontece.

A maior de toda ajuda é a motivação. Tê-la ou não nos define. A motivação dá o tom do viver.

Afinal, o que somos? Nascemos sós, dependemos do ventre, depois dos seios, do alimento, do carinho, do amor, das mãos guiadoras e de tudo que nos cerca. Somos o que acontece do primeiro ao último instante. Em todos eles, necessitamos de ajuda externa. A maior delas é a motivação. Tê-la ou não nos define. Hoje na alegria, amanhã na preocupação; hoje querendo, amanhã

A maior de toda ajuda é a motivação. Tê-la ou não nos define. A motivação dá o tom do viver.

“Na motivação, as pessoas reagem e buscam o que querem, como se iguais fossem. No amanhã, tornam-se ricas ou pobres, de alma e de bolso. É a motivação que define o futuro.”

não mais; hoje se levantando, amanhã se deitando. A motivação dá o tom de viver.

Por que passamos por tantas variações? Por que temos tantas formas de agir? Por que nossa velocidade varia? A resposta se resume a: dependemos da motivação, é ela que nos faz ser o que somos. É na motivação que nos reerguemos até o alto do pódio. É a motivação que nos leva às distâncias, a infinitos lugares, ao desconhecido. É ela que nos eleva e nos torna maiores.

Na motivação, as pessoas reagem e buscam o que querem, como se iguais fossem. No amanhã, tornam-se ricas ou pobres, de alma e de bolso. É a motivação que define o futuro.

Motivação é o dom maior, capaz de tudo. Pessoas motivadas vivem sonhando. Pessoas que sonham vivem motivadas. A mistura é perfeita. A fórmula é milagrosa. Os poderes se multiplicam. Motivados, nos transformamos, assim como o exemplo da ilha que se transforma em paradisíaca de água aquecida, de brisa suave, de sol brilhante e céu azul.

O PODER DE ESTAR JUNTO

O estar junto de outras pessoas pode fazer diferença, pode nos tornar melhores. O realizar da força de todos faz crescer a força de cada um. Nessa força, crescemos, ganhamos poderes e nos multiplicamos. Os bons momentos podem ser constantes na alegre companhia ou no esperado encontrar. Enquanto não chegam, nossos desejos ficam grandes. Na comemoração, os pulos de alegria são bem-vindos. É o poder do coletivo, do estar junto de todos. É assim que sempre agi.

Felizes aqueles que embarcam com pessoas motivadas, porque adquirem poderes.

Saber motivar as pessoas é para poucos, somente para os que passaram pelo pouco e ao muito chegaram. Surpreendidos no resultado, aprenderam o motivar coletivo, que se faz um a um, conversa por conversa, encontro por encontro. Conseguem formar a família que se torna grandiosa, na soma do poder de cada um que não participa apenas por participar, e sim pelo querer realizar. A esses não cabe distinguir o perto do longe, o complicado do simples, o possível do impossível. Realizam e pronto.

O sonho da conquista pode ser maior ou menor e não está ligado ao sábio ou ao recruta, cujos desejos diferem no que querem, mas na força do querer realizar quando estão motivados.

O pouco de uns é muito para outros, assim como o grande de uns é pequeno para outros. Depende do que se quer. O desejo de comprar a boneca para a filha, que está à espera no Natal, pode ser maior que o desejo do carro importado que o rico pode comprar para o filho quando quiser. É preciso entender: desejos pequenos somados à busca do querer realizar tornam-se maiores que os desejos dos que já possuem e pouco buscam.

> Felizes aqueles que embarcam com pessoas motivadas, porque adquirem poderes.

PODEMOS TUDO, MOTIVE-SE

Deus nos deu dons e capacidades que muitas vezes não exploramos, não desenvolvemos. Por vezes, é preciso motivação para despertar essas habilidades. E a maior de todas as motivações é a recompensa. O grau de motivação do ser humano é proporcional à recompensa que ele almeja.

Muitos trocam os prazeres pela atividade diária à frente de seus negócios. Antônio Ermírio de Moraes, dono da Votorantim, entre outras empresas, tinha orgulho de dizer que havia tirado férias apenas uma vez na vida. Sua recompensa era o trabalho. Era isso o que o motivava, o realizava, o deixava feliz.

No lançamento do pastel de Belém, Jô, caixa da loja Habib's Interlagos, bateu recordes de vendas – 16 mil pastéis vendidos em um único mês. Vendia mais pastéis que a soma das vendas de todo o restante da equipe. Fui até ela para descobrir o porquê. Ela me disse: "Dr. Alberto, com a comissão de vendas de pastéis de Belém que foi implantada na loja consegui matricular meu filho no tão sonhado curso de inglês, que ele me pedia há anos". Pouco para nós, muitíssimo para Jô.

Algo simples, como uma bicicleta importada de alta velocidade, a ser entregue ao garçom que mais se destacasse na unidade de Itaberaba, aumentou o gasto médio dos clientes em 78% e fez que a loja tivesse os melhores índices de lucratividade. É difícil motivar as pessoas?

Na Olimpíada de 2000 tive o privilégio de ver o nadador australiano Ian Thorpe bater o recorde mundial e ganhar sua quinta medalha de ouro. Nunca vi alguém dar tantos pulos de alegria. Sua recompensa foi ter ganhado as medalhas e o reconhecimento do mundo.

> A maior de todas as motivações é a recompensa. O grau de motivação do ser humano é proporcional à recompensa que ele almeja.

Os exemplos demonstram que motivação está ao alcance de qualquer um: heróis, empresários, caixas, garçons, atletas... não importa. O que importa é que estejam motivados na busca de sua recompensa, que pode ser a liberdade de viver, o gostar do trabalho, o amor correspondido do filho estudando inglês, a bicicleta veloz que deixa as outras para trás, a medalha, o reconhecimento de ser o melhor do mundo ou até mesmo ser o símbolo da competência naquilo que faz.

Motive-se! Trabalhe! Não dê descanso a você mesmo. Glorifique-se por isso. Trabalhe o máximo que puder.

São essas recompensas que motivam as pessoas, que as tornam diferenciadas, que as transformam, que lhes dão poderes, por mais simples que sejam. Buscam suas próprias conquistas, suas próprias metas, como se desejassem ser as mais bem-sucedidas do

"Motive-se! Busque, mude! Deixe de ser espectador para ser ator. Construa sua própria história."

universo. É o que as tornam diferenciadas, capazes de transformar o difícil em fácil, o impossível em possível. É assim que garantem o próprio sucesso. Corações e mentes motivados têm poderes extremos. Somos prova disso. Não nos faltaram motivações. Vinte mil corações demonstraram, nesses 25 anos de existência, que motivados vencemos.

Meu querido leitor, por todos esses exemplos é que digo: motive-se! Use seus sentimentos, sua percepção. Faça-os agir. Vivemos num mundo que está constantemente nos oferecendo alguma coisa. Motive-se! Não sofra! Não temos o direito de ficar agonizando em determinada situação. Ninguém quer isso, nem mesmo a própria natureza quer que soframos.

Motive-se! Busque, mude! Deixe de ser espectador para ser ator. Construa sua própria história.

Nesses anos todos, tentei me motivar em tudo que pude. Motivei-me no trabalho, tentei não me cansar. Motivei-me nas derrotas, tentei não sofrer. Motivei-me no que vi, tentei buscar o que não vi. Motivei-me no fracasso, tentei persistir. Motivei-me na troca de profissão, tentei me encontrar. Motivei-me na dor, tentei não chorar. Motivei-me na fé, tentei sair da revolta. Motivei-me na incompreensibilidade, tentei compreender.

Motivei-me e as recompensas vieram. No pessoal, realizei-me no prazer de ser marido, pai, irmão, filho, companheiro e amigo. No profissional, realizei-me no prazer de alimentar milhões de pessoas e empregar outras tantas. Podemos tudo. Motive-se! As recompensas virão.

FIRST CLASS
17ª Regra:
TENHA A QUANTIDADE CORRETA DE FORNOS. ESTABELEÇA VELOCIDADE,
TEMPERATURA E MANUTENÇÃO CORRETA. DEIXE-OS TININDO. ELES SÃO
SEU PRINCIPAL EQUIPAMENTO
18ª Regra:
Aprender é a única coisa de que a mente nunca se cansa, nunca tem medo e nunca se arrepende
1850
ACUMULE CONHECIMENTOS.
UM DIA VOCÊ PRECISARÁ DELES.
SURGE O CARDÁPIO HABIB'S.
83

CONHECER

◂

Aquele que no conhecer se elevou acima dos homens, aquele sem o qual a história da arte não vive, aquele que por todas as ciências passou e nelas o novo criou, aquele que sobrevive nos séculos, escreveu: "Aprender é a única coisa de que a mente nunca se cansa, nunca tem medo e nunca se arrepende". É esse aprendizado de Da Vinci que a artista plástica Suzana Garcia destaca na obra de arte. A segunda frase de destaque da obra, "Acumule conhecimentos. Um dia você precisará deles" vem do livro daquele que buscou incessantemente o conhecer e nele construiu sua história. A frase traduz a filosofia que Alberto prega para seus 20 mil colaboradores. Os objetos representam o conhecer dos cálculos, da medição, da escrita que se consagram no diploma em destaque. O conhecer mais ousado é o da viagem que vem representada pelos mapas-múndi, os carimbos first class *para a ilha paradisíaca que todos sonham conhecer. A borboleta representa o conhecer dos voos nos coloridos da vida.*

CONHECER FAZ DIFERENÇA

Do que se trata? "Sei lá!" "Sei, sim!" Faz diferença a resposta. A primeira pouco sabe. A segunda é do conhecer, vindo do estudo ou da curiosidade; não importa. A curiosidade desperta a astúcia, fraca no início, mas que depois evolui, aprofunda-se e torna-se conhecer.

O conhecer faz a diferença não só do presente como também do futuro, que pode ser ou não brilhante. É o conhecer que diferencia as pessoas e dá a elas o poder da construção, da inovação, da conquista, do multiplicar o que possuem, do diferenciar a tudo o que fazem.

Até mesmo a reconstrução fica fácil quando há o conhecer. Se o conhecer se antecede, nem mesmo a reconstrução acontece. Cresce solidamente, com estrutura capaz de escolher o caminho que há de tomar, sem nada errar.

A avaliação de cada um pode se dar pelo conhecer que acumula, que desenvolve, que multiplica e até que transfere. Não se pode parar no tempo, nem tão pouco no conhecimento valioso que traz qualidade e multiplica o que buscamos material e espiritualmente. Há o espírito que também evolui o conhecer e pode transcender o desconhecer que queremos conhecer.

> A ignorância leva, a quem não tem curiosidade, a se dar por satisfeito, estabilizar-se no confortável.

Para multiplicar, é preciso conhecer. Sem o conhecimento, as multiplicações se tornam incorretas, como o garoto que,

“É o conhecer que diferencia as pessoas e dá a elas o poder da construção, da inovação, da conquista, do multiplicar o que possuem, do diferenciar a tudo o que fazem.”

Acreditar

Comemorar

Mon cher Ami
vous diner
est au
à 8
C'est le temps
que tu as
perdu pour ta rose
qui fait ta rose si
importante

Comunicar

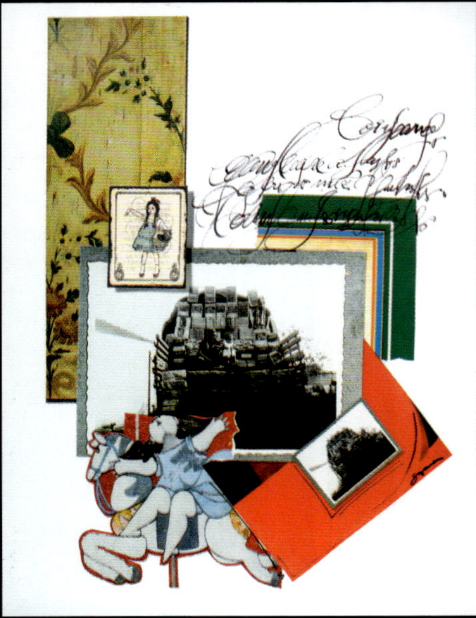

Confiar

FIRST CLASS
79
16ª Regra:
FAÇA A PRÉ-PRODUÇÃO CORRETA – NEM A MAIS, NEM A MENOS.
17ª Regra:
TENHA A QUANTIDADE CORRETA DE FORNOS. ESTABELEÇA VELOCIDADE,
TEMPERATURA E MANUTENÇÃO CORRETA. DEIXE-OS TININDO. ELES SÃO
SEU PRINCIPAL EQUIPAMENTO.
18ª Regra:
ACUMULE CONHECIMENTOS.
UM DIA VOCÊ PRECISARÁ DELES.
SURGE O CARDÁPIO HABIB'S.
Anos mais tarde, por volta de 1988, numa matinal de toalete, resolvi relacionar numa caderneta de bolso os produtos e receitas que mais conhecia. Eram muitos, pois tinha passado por padaria, boteco, lanchonete, pastelaria, pizzaria e até churrascaria. Havia dominado todo o processo de produção nesses estabelecimentos.
Lembrei-me de Seu Paulo e comecei a relacionar tudo que ele me ensinara a produzir. Relacionei ainda os produtos em categorias: os de melhor qualidade, os que mais vendera, os de preparo
83
COMPO

Conquistar

Vencer

Crer

Crescer

Tudo é
possível

Cuidar

Democratizar

Desejar

Sorrir

Superar

Surpreender

Motivar

Multiplicar

Encantar

Evoluir

Persistir

Sonhar

aprendendo matemática, confunde-se e soma ou até diminui em vez de multiplicar. Que falta faz o conhecer! A mente se retrai, o corpo padece, o humor entristece, o vazio predomina. Quando é preenchido, nenhum significado possui. Melhor, então, conhecer.

O desconhecer alimentado pela ignorância se apodera de tudo e nos faz parar no tempo, parar na progressão, que não avança e fica para trás. Fiquemos longe dos que se acomodam na ignorância, que inibem os passos para frente e permanecem no que existe. A ignorância leva, a quem não tem curiosidade, a se dar por satisfeito, estabilizar-se no confortável, que a nada procura. Afaste-se dela. Analise seu íntimo e veja quanto de ignorância tem por ali. Quem sabe você consegue se desprender. Isso vai ajudar. Até mesmo ao mal é preciso conhecer. Dele nos afastamos quando no passado já o tivemos por perto. Quando o conhecemos, evitamos que reapareça, o cortamos logo no início, nos desfazemos de seu poder, o eliminamos assim que surge.

No conhecer, o acerto da escolha se dá na semente, a árvore cresce e o fruto aparece. No conhecer, a criança cresce no entendimento do que passa em sua volta e do novo que a espera. No conhecer, o futuro se apresenta, a frente fica mais livre, o passado é esquecido se nada de bom ele trouxe. No conhecer, a dúvida desaparece alimentada pelo saber que decide.

A decisão pertence a quem conhece, cuja capacidade se traduz em riqueza de todos os tipos: de sabedoria, intelectual e financeira. Essas três riquezas deixam o cotidiano mais saboroso, são capazes de mover o mundo, transformar o pouco em muito, elevar o nível da busca, encurtar o caminho, deixá-lo mais próspero. Suas tortuosidades são endireitadas pelo conhecer.

A cada conhecer, surge uma nova direção, mais gratificante que a anterior. Está escrito: “Aprender é a única coisa de que a mente nunca se cansa, nunca tem medo e nunca se arrepende”.

É como Da Vinci pensava. No aprender, ele passou por todas as ciências e com elas criou o novo.

Conheça o mundo: primeiro o seu, depois o dos outros. Conheça mais os amigos, eles podem ajudar; deles pode surgir a ideia que você não tem, o suporte que procura, o apoio que busca. Conheça os livros, eles ensinam; mais que isso: inspiram, preenchem o vazio da solidão, do não compartilhar.

Conheça as histórias, elas têm início, meio e fim, e nada melhor do que saber como começam e como terminam. Isso ajuda, já que o começo de sua vida você já sabe qual é; o final, desconhece, mas pode prevê-lo pelo conhecer das histórias. Conheça o presente, ele fornecerá previsões do futuro; o imprevisto será previsível pelo conhecimento que você tem. A cada passo procure pelo desconhecido, faça-o parte de sua vida, ele pode trazer boas surpresas.

> Analise seu íntimo e veja o quanto de ignorância tem por ali. Quem sabe você consegue se desprender dela. Isso vai ajudar. Afaste-se dela.

Conheça o que se propõe a realizar; assim, a produtividade é maior e o coloca para cima. Ensine o próximo que você terá admiração, respeito, amizade, e você ainda atrairá coisas boas que o completarão ainda mais. Conhecer pode ajudar a construir a sua vida.

A HISTÓRIA DA SEGUNDA LOJA FRANQUEADA – MIGUEL, JÚLIO E SEUS SÓCIOS

Ano de 1993. Minha segunda loja franqueada Habib's, localizada no litoral paulista, tinha sido inaugurada havia 120 dias. Eu passava por maus bocados. Estava sendo chantageado pelos três sócios franqueados, que diziam que o negócio não dava lucro. Queriam a devolução do dinheiro que investiram na montagem da loja; em dobro.

O que me dava coragem é que a primeira loja franqueada Habib's, aberta em Santo André meses antes, era a que mais se destacava entre todas as existentes. E as lojas próprias iam bem. Só a litorânea estava mal. A cada dia, o trio de sócios alegava prejuízos maiores, algo incompreensível, já que a loja inaugurara lotada de clientes.

Semanas depois da inauguração, as reclamações começaram a ocorrer. Eram absurdas, na quantidade e nas descrições. Havia de todos os tipos: falta de produtos ou má qualidade, produtos servidos frios, pedidos trocados, garçons malcriados, demora interminável no atendimento. Era algo desastroso. Em minha visita à loja, preocupadíssimo, coloquei as mãos na cabeça e pensei: "Meu Deus, o que devo fazer?".

Três dias depois da primeira visita, retornei à loja. Hospedei-me num hotel de segunda categoria que ficava ali ao lado. Resolvi recordar minha época de médico e dar plantões de 24 horas. Abria e fechava a loja. Tinha que colocar todo o meu conhecimento à prova. Com o meu conhecer, havia que reverter aquela situação.

Você precisa conhecer. A cada conhecer, surge uma nova direção, mais gratificante que a anterior.

Durante meus plantões, conheci Miguel, gerente da loja e primo e amigo de infância de Júlio – um dos três sócios. Miguel foi um dos protagonistas de nossa história. Ele havia acabado de se separar da mulher. Era um sujeito com o qual fiquei cismado logo de início. Não me despertava um pingo de confiança. Estava sempre cabisbaixo, tinha um olhar meio desconfiado, de quem parecia não acreditar em ninguém. Era revoltado, desconfiava do mundo e deixava isso claro nas reuniões descontraídas do "chopinho".

Depois vim a entender o porquê desse comportamento. Miguel havia encontrado sua ex-esposa, uma loira de 1,82 metro, trocando carícias com o segurança do prédio onde morava. Foi um flagrante constrangedor. O casal havia escolhido um ambiente nada cômodo para o encontro amoroso: o Fiat Uno que Miguel dera de presente à amada. Não era sonho, tampouco ilusão de óptica. Na pressa, o casal não tinha outro jeito de sair do carro a não ser com as roupas íntimas na mão. O acontecimento explicava a personalidade revoltada de Miguel.

Era esse Miguel que andava bravo com seus três patrões, principalmente com Júlio – seu primo –, que havia prometido um bom salário, participação societária, folgas mensais, convênio médico e um carro zero quilômetro com combustível para idas e vindas a São Paulo. No entanto, nada disso aconteceu.

Como a loja não arrecadava dinheiro suficiente no final do mês – e como "em casa onde falta pão, todo mundo briga e ninguém tem razão" – as discórdias deterioraram as relações entre os quatro responsáveis pelo negócio: Miguel, Júlio e os dois sócios. Nas brigas, Miguel ameaçava recorrer à justiça trabalhista.

O serviço de relacionamento com os clientes Habib's apontava a loja como a líder em reclamações. Não por acaso começou a ficar vazia e as vendas despencaram.

Meus plantões eram cansativos, mas eu queria encontrar a solução do problema e continuava a escrever o Manual do Habib's, com foco nos erros e na maneira de consertá-los. A cobrança dos três sócios continuava; agora, queriam o triplo do dinheiro que haviam investido, o dobro já não lhes atendia, ainda que eu não tivesse feito acordo algum.

Como a chantagem não pertence ao bem, é recurso dos fracos de caráter, e em minhas orações peço sabedoria a Deus, eu esperava superar aqueles obstáculos. Foi então que recebi uma visita inesperada, que mudaria o rumo de nossa história.

A VISITA NO HOTEL

Era domingo, eu estava no quarto do hotel. Acordara um pouco mais tarde. Trabalhara na loja até altas horas no sábado. Lá pelas nove da manhã, alguém tocou a campainha. Levantei-me assustado. Limpei o visor da porta com a manga da camisa com a qual havia dormido. Adivinhe quem estava do outro lado da porta, com aquela cara de desconfiado, na dúvida se seria atendido ou não? Miguel. Plantado no corredor estava o gerente da loja.

Assim que abri a porta, ele pediu licença e foi entrando antes que eu o convidasse. Sentou-se numa das pontas da cama de casal. Tenso, foi logo dizendo: "Dr. Alberto, gosto muito do senhor. Sempre foi atencioso comigo, sempre elogiou meu trabalho. Além disso, tenho acompanhado seu esforço para resolver os problemas".

Depois desse elogio, disparou: "Não aguento mais aquele filho da p... do meu primo Júlio". Assustei-me com as palavras de Miguel. Não compreendia o que estava acontecendo. Miguel se levantou e abriu uma pasta que trouxera debaixo do braço. Novo espanto. Rapidamente, retirou de dentro um gravador antigo. Miguel gravara conversas mantidas com Júlio. Depois, contratou uma pessoa que editou uma fita única, com os melhores trechos, omitindo as partes nas quais o patrão citava seu nome.

> Conheça o mundo; primeiro o seu, depois o dos outros.

Identificado na fita pela voz, pelo nome e por outras singularidades, Júlio emitia ordens para que o dinheiro fosse desviado nos finais de semana. Misteriosamente, as máquinas do caixa paravam, e os pedidos dos clientes eram feitos de maneira manual, nas comandas de papel que depois sumiam com o dinheiro que elas representavam. Isso acontecia nos dias de maior movimento – sábados e domingos –, exatamente quando os dois sócios de Júlio costumavam se ausentar, indo para São Paulo. Passei a entender por que a loja ia mal. Quem rouba não tem tempo de cuidar do espaço, muito menos dos clientes.

Convenci Miguel a me entregar a gravação, e ele me convenceu a retribuir sua ajuda. Troquei o Vectra seminovo que eu tinha por seu Fiat Uno de tristes memórias. Miguel me deu a diferença em dez cheques, nove dos quais fazem parte das recordações. Vítima das mentiras dos três sócios, Miguel decidiu-se pela vingança. Não poupou nem o próprio primo. Naquele domingo, dei uma passada na loja como se nada de anormal tivesse ocorrido e me mandei para São Paulo, com a fita na mão.

Quatro dias depois, cinco pessoas se reuniram na pequena sala de treinamento do nosso escritório central, na rua Edson: eu, os dois sócios de Júlio e os pais de ambos. Receoso, não chamei Júlio. Ali havia um toca-fitas profissional e duas caixas acústicas.

> Conheça os livros, eles ensinam; mais que isso, inspiram, preenchem o vazio da solidão, do não compartilhar.

Rapidamente, anunciei que a reunião tinha o propósito de resolver um problema de chantagem que estava ocorrendo na loja. Os pais se assustaram e ficaram tensos. Percebi que desconheciam as ameaças de chantagem feitas pelos filhos e por Júlio contra mim.

Na sala, estava tudo ajustado. As caixas acústicas em frente à mesa, no ponto certo, no volume definido. Acionei o botão *play*. Em exatos sete minutos, ouvimos toda a fita. As gravações repetiram as confissões de Júlio e suas determinações desonestas de sumiço das comandas de papel e dos valores correspondentes.

A partir daí, pouco falei. Apenas pedi que se dirigissem à sala ao lado. Lá, dois advogados os aguardavam com o cancelamento do contrato de franquia, além dos documentos com as obrigações de descaracterização da marca Habib's num prazo de dez dias. Não havia necessidade da assinatura de Júlio. Os dois tinham poderes para assinar pela empresa – eram "amigos".

Passaram-se meses. Ficamos sabendo que os dois sócios andavam armados e proibiam Júlio de entrar na loja. Travaram uma longa batalha judicial que finalizou com o fechamento da loja.

DOS ERROS FIZ OS ACERTOS

Terminava assim mais um capítulo de nossa história. Mais uma vez, eu aprendera com os erros e deles tirava proveito. Os problemas na loja litorânea foram fontes de inspiração para que eu entendesse como eram cometidos os erros, quem os cometia, suas repercussões e os desastres que provocavam. Dessa história resultou o Manual do Habib's, a criação das 77 regras de como administrar uma loja Habib's e a fundação da Universidade Habib's, com o compromisso de levar o conhecer a todos os colaboradores da rede. A loja litorânea salvaria muitas outras que viriam. Seus erros não seriam mais cometidos.

O conhecer mudou nossa rede e também nossa história.

"Aprender é a única coisa de que a mente nunca se cansa, nunca tem medo e nunca se arrepende. Acumule conhecimentos. Um dia você precisará deles." Pense nisso!

AMAR

◀

Nessa obra, a artista plástica Suzana Garcia dá tratamento especial ao verbo amar entre todos os ingredientes do sucesso expresso por meio de um trecho da canção "Monte Castelo", da Legião Urbana, manuscrito sobre um fundo vermelho. A citação de 1 Coríntios 13:1 ("Ainda que eu falasse as línguas dos homens e dos anjos...") precedida pela de Camões ("É servir a quem vence, o vencedor") é uma menção ao desprendimento do amor verdadeiro, que não é orgulhoso ou egoísta e se alegra em servir. Nessa linha criativa, a imagem do fundador da rede servindo faz uma alusão a sua ideia de fazer as pessoas felizes. Sua figura ganha montagem especial ao oferecer uma coroa em meio a uma fumaça de rosas douradas que sai da lâmpada, numa clara referência ao gênio, sempre pronto a satisfazer desejos. A escultura de um rapaz, no canto inferior direito, reforça os gestos de aceitar e receber como forma de estreitar relacionamentos.

AMAR EM FASES

Nesta primeira parte, escrevo sobre os maiores amores que tive. O da esposa preenchendo meu íntimo, engrandecendo meu viver. O dos filhos, do primeiro ao quinto. Que amor seria maior que o da esposa e dos filhos? Nele, todos os amores estão representados. Quando passamos por essas experiências, somos mais bem preparados para o mundo. Assim, fica mais fácil entendê-lo. Nosso mundo há de ser do amor.

O conselho é que você valorize seus amores em dose maior. Com eles, você pode se aprimorar e inspirar.

No amor inocente, aprendi que, quando a malícia não se apresenta, nos convencemos mais rapidamente de sua existência. Com ele, aprendemos a valorizar o simples da vida. Ele se oferece sem nada exigir. Seus pequenos momentos são maiores que todos. Preenche tudo. Nesse amor nada nos falta, a não ser querer mais perto dele ficar.

No amor juvenil de quem se expressa no canto, aprendi que a música no lar transforma o tom do viver, torna-o feliz. A casa vive alegre, tristeza não há. Muda o silêncio nos tons que o embalam. Aprendi que, com a música, tudo flui com mais facilidade.

> Nosso mundo tem que ser o do amor. Nele se vive muito melhor.

No amor adolescente, aprendi a respeitar a liberdade que tanto se busca.

"Transferir amor
aos clientes é uma
excepcionalidade
que poucos têm."

Ao adolescente deve ser dado o espaço que ele procura, para que possa se encontrar. É preciso conquistá-lo para poder dar boas orientações.

No amor quase adulto, aprendi que existe a hora certa para que os filhos se libertem. Aprendi que, na renúncia da presença do filho no exterior, o amor se excede, cresce ainda mais, devido à falta que faz. As aves voam; os jovens mais ainda. Os ninhos não lhes bastam. O aconchegante não lhes supre. Há que terem o desconhecido, assistirem ao ousado, buscarem o inesperado. Aos iniciantes da vida adulta, isso promete mais.

Aprendi que o amor dos 25 anos vê o pai de forma diferente. O amor inicial se transforma em vários: amor de orgulho por tudo o que existe, amor de entendimento do que houve e haverá, amor da admiração que deixou de ser indeciso. Agora, concretiza-se o amor pela pessoa do pai e por tudo que ele diz. Antes a dúvida, agora a certeza. Aprendi: há o tempo certo de chegar esse tipo amor. Não se pode adiantá-lo. Há que se esperar. Quando chega a hora certa, amigos íntimos se tornam, sai a rebeldia e entra a admiração, diminui-se a distância, encurta-se o espaço. Nesses cinco amores que descrevi, aprendi que há o tempo certo para cada fase.

Na lição maior, aprendi o amor a dois e a paixão que o envolve. É preciso mantê-lo na chama. No cultivo desse amor, o coração pode acelerar, o beijo pode se tornar ainda mais aceso, a paixão permanecer no todo e sempre. No início, constrói-se tudo a dois; depois entre todos; que, mais para a frente, se divide e permanece a dois.

Meu querido leitor, identifiquei meus amores. Identifique os seus. O sucesso tem colunas de sustentação. Esses amores são uma delas. Por eles, você se desdobra e se torna maior, engradece na força que eles trazem, luta no esforço dobrado. É assim que se conquistam vitórias. Com esses amores, você constrói uma vida bem-sucedida.

CLIENTE É REI

Nesta segunda parte, falo de um amor fácil de entender, complicado de produzir: o amor aos clientes. Transferir amor aos clientes é uma excepcionalidade que poucos têm. Busquei-a sempre. A prova maior são os milhões de clientes que conquistei. Foi com atos de amor que os trouxe até mim. No amor, a tudo busco; inclusive conquistar você, meu querido leitor. Você me deu um prêmio por estarmos juntos nesta leitura. Quero retribuir sua escolha. Quem sabe aprende a praticar o amor aos clientes e nele encontra o sustento que procura. Entenda-o e coloque-o em seus negócios. Se conseguir, foi porque o conquistei.

Desde o primeiro cliente que tive, ele se tornou meu rei. Pois o cliente deve ser tratado como se fosse um. São loucos e desajuizados os que não o fazem. É ele que determina nosso futuro, para onde vamos, o que faremos. A ele temos que servir, todos os dias, incansavelmente. Ele detém o poder. Conforme-se, aceite e alegre-se. Esse poder é para sempre.

> O amor aos clientes os faz fiéis para sempre.

Quando amamos os clientes, eles deixam de ser reis medievais para ser reis benevolentes. Devolvem-nos os tributos, às vezes em dobro ou em triplo, depende de quanto formos bons súditos. Se nos mostramos fiéis na forma de tratá-los, são benevolentes, beneficentes e bondosos. Se somos maus súditos, exercem o poder do castigo. Reis são reis, as coroas e os poderes a eles pertencem. É assim que funciona. O desrespeito aos clientes leva à ausência deles, ao abandono, ao não mais querer, ao deixar de ir. A reincidência leva aos maus resultados, e a sentença é a morte. É assim que desaparecem os negócios.

Rei e cliente, desiguais no nome e na escrita, iguais nas decisões e no poder. Em comum, lhe devemos: fidelidade, respeito e amor. Entenda isso ou não pratique negócios.

SEM AMOR NADA SERÍAMOS

"Ainda que eu falasse a língua dos homens e falasse a língua dos anjos, sem amor eu nada seria."

O texto bíblico é sábio. E a letra da música da Legião Urbana também é: "Sem amor eu nada seria / É só o amor, é só o amor / Que conhece o que é verdade".

Há de ter amor, senão de nada adianta. O amor na família une e apazigua; o amor entre amigos faz tê-los por perto; o amor ao namorado o faz querê-lo para sempre; o amor entre irmãos protege um ao outro; o amor entre o casal vem com as bodas de prata e de ouro. Dos sentimentos, o amor parece ser o maior. Sem amor nada seríamos.

Ainda que eu falasse a língua dos anjos, se eu não tivesse amor aos clientes, de nada adiantaria.

Nos negócios, o conceito de amor é o mesmo. No entendimento dessa derivação, sua evolução é uma garantia. O amor à loja deixa-a mais bela, atrai para você aquilo que o sustenta. O amor aos colaboradores os traz para perto, e eles se dedicam a servir no trato aos clientes. O amor ao gerente compromete-o a lutar com você, a cuidar do que você tem. Há que ter amor também nos negócios. É com ele que vem o cuidado, a dedicação e o comprometimento.

O amor aos clientes os faz fiéis para sempre, porque recebem agrados em seus sentimentos e têm supridas suas carências. Seu negócio perdura no tempo e na renda.

O amor à profissão destaca você entre todos os outros. Com amor, você encontra disposição, ânimo, coragem e até sabedoria, se pedir a Deus. Com amor, sua motivação fica mais forte e as conquistas se apresentam. Assim como a árvore, você cresce sem pedir licença a ninguém.

Para o amor, tudo é capaz! Com ele, você se transforma, torna-se atraente, simpático, belo, cordial, amigo. Ele é capaz de dar tudo o que você quer! Dos sentimentos, o amor certamente é o maior. Pratique-o!

DE UM CLIENTE PARA MILHÕES

Na obra de arte do verbo amar você vê a lâmpada mágica. Ela tem o dom da magia porque traz o poder do gênio, capaz de tudo. E o dom de servir é o maior deles: "Diga seus desejos que eu os realizarei". No conto são três, nos negócios há de ser mais.

Amor e magia se relacionam intimamente. Com amor, mágicas acontecem: uma pequena loja se transforma em centenas; um cliente, em milhões; vinte pessoas, em 20 mil. São magias do ato de servir e amar.

Na obra de arte aparece aquele que carrega a bandeja com a coroa. Representa todos os que trabalham na rede. Com a pose elegante ao servir e um sorriso estampado no rosto, gostaria que todos se apresentassem dessa forma. O cuidado com a bandeja e a coroa demonstra a maneira de atender que eu gostaria que todos tivessem: "Estou aqui para atender. O que você quer? No que posso servi-lo?".

A coroa representa o cliente – o rei – que manda em tudo e determina a quem devemos servir com amor. Em seu poder está o construir. Sua presença determina a prosperidade. É o rei que traz o ar do respiro, da sobrevivência feliz. Felizes os que entendem isso, servem-no na bandeja e o tratam com amor.

Nesses 25 anos conquistamos centenas de milhões de clientes. É o número de vezes que nos visitam por ano. Imagine esse batalhão de gente sendo amado e cuidado. Quantos serão daqui há dez anos? A vantagem é essa, e o perigo também.

Acertos e erros se multiplicam de forma avassaladora; são capazes de eleger ou depor você. É assim que ocorre no reino dos negócios. Colocam você no pódio, o aprovam e vangloriam; ou, ao contrário, rebaixam-no no protesto e na reclamação, nas manifestações de grito e violência. Negócios nos fazem subir ou descer. É preciso cuidado! O ato de amar determina tudo.

COM AMOR, DEMOCRATIZAMOS.

A oportunidade de todos poderem frequentar um restaurante é um ato de amor. Tentei tratar a todos os clientes como reis que, em seus poderes, têm tudo o que querem. Podem consumir tudo. Seus desejos são satisfeitos sem a preocupação do amanhã. É esse o poder que é permitido a todos. O amor do "não podia" para o amor do "agora posso". Do "não tinha" para o "agora tenho". Do "só alguns" para o "agora todos". Do "não completo" para o "agora completo". Persisti na procura disso para oferecer aos clientes. A isso busquei a todo momento, sempre com amor.

A avó da rua Augusta que leva sua netinha uma vez por semana ao Habib's, com o minguado orçamento que tem, dedicou suas orações a mim e à minha família. A fala da língua dos anjos pode ter me ajudado. Assim como ela, milhões de pessoas podem se servir com dignidade dos produtos que oferecemos. De segunda a quarta, damos alguns em dobro, num ato de amor. Agora, também, de quinta a domingo. Estratégia? Talvez, mas com amor. A qualidade desses produtos se traduz na quantidade em que são consumidos. Nas suas funções primordiais, alimentam as pessoas e dão-lhes prazer de degustar e sentir.

A equação é complicada. O desconto ou o dobro podem representar muito. Os bolsos nem sempre estão como se quer. Às vezes "menos", às vezes "mais" cheios. No "menos", decide-se pela opção que mais atende. Nessa equação, democratiza-se a acessibilidade às pessoas, que transforma vinte empregos em 20 mil. Empregar também é um ato de amor, porque ajuda a quem trabalha, que no ganho a todos sustenta: o cônjuge, os filhos, toda a família. Empregar vem do amor ao servir.

O significado que dei no passado define tudo: "Ser comerciante é um ato de amor, relacionar-se com as pessoas e servi-las, sempre oferecendo vantagens que sejam capazes de atrair clientes e dar a eles o que mais necessitam e desejam".

Amar, relacionar-se, servir, oferecer vantagens, dar aos clientes o que necessitam e desejam: privilégios que poucos empresários compreendem. A minoria da minoria é capaz de entender o que isso quer dizer. São os *cases*. Diferenciei-me nesse entendimento. É assim que tento amar meus clientes. Tarefa árdua e persistente, pela dificuldade de serem milhares de pessoas. É por essa missão que luto todos os dias.

Se eu não tivesse amor pelos clientes, não haveria essas 20 mil pessoas e não se justificariam os 25 verbos. Ficariam nas conquistas incompletas, na felicidade do pouco, no ter que existe mas não preenche, no tudo que nada tem, na fartura que não satisfaz, no sono que se interrompe, no levantar sem descanso, no prêmio das migalhas. "Sem amor eu nada seria / É só o amor, é só o amor / Que conhece o que é verdade." Confirma-se o texto da canção daquele que deixou frases de amor.

"FALTA-ME AMOR"

Havia alguém que não tinha conhecido o amor. Perguntado seu nome, demorou a responder; do sobrenome, esqueceu-se. Andava sempre triste, amargurado, cabisbaixo, infeliz. Vivia assim havia muitos anos. Na madrugada, acordava. Durante o dia, dormia. Estava sempre só. Faltava-lhe expressão em seu rosto. Não sorria. Na fala, seu tom de voz era monótono, pouco se ouvia: um murmurar que não se entendia. Perguntado da família, dizia que não tinha. Sobre amigos, não sabia o sentido. De onde havia vindo, desconhecia. Como sobrevivera? Do tempo que passou. Por que estava ali? Pouco importava. Andava, todos os dias, não sabia por quê, nem para onde; o destino era aonde chegasse. Depois retornava. Não tinha filhos. Aos animais, evitava. A Deus, desconhecia. Perguntado o que lhe faltava, respondeu: "Falta-me amor".

Meu querido leitor, se você se encaixa em alguma parte do texto acima, reveja o amor que tem por si mesmo e pelo próximo. Se não se encaixa, que bom que assim seja. Se você não conhecer o amor e não o descobrir, não importa o que fale, as conquistas que ocorram, a fartura que carregue, os castelos que tenha, porque de nada adiantará. Novamente, confirma-se a música: "Sem amor eu nada seria".

COMUNICAR

◂

Comunicar é o grande diferencial na busca do sucesso. Embasada no conceito de que o sucesso ou o fracasso das pessoas e das empresas depende do uso correto de comunicar a mensagem, a artista prefere, neste quadro, trabalhar com o silêncio. São utilizadas figuras totalmente brancas ao mesmo tempo que são fornecidas à obra visualidade e poesia suaves, dentro de uma plasticidade dramática: uma página em branco pronta para ser reescrita a cada dia. Vários meios de comunicação estão presentes na composição, como a TV, o rádio e a revista. Todos prontos para receber e repassar as mais diversas mensagens. Na parte superior, pode-se ler ainda a famosa frase de Henry Ford: "Se eu tivesse um único dólar, investiria em propaganda", o que reforça a necessidade e a importância de se comunicar. O resultado final remete a um mundo "em branco", livre de conceitos, preconceitos e ideologias. Seus componentes surgem como meros instrumentos de retransmissão.

É PRECISO SE COMUNICAR

Será que você sabe quem você é? Você sabe; o próximo, não. E por quê? Porque você não se comunicou. No segredo ninguém pode descobri-lo, você permanece na escuridão, que a tudo esconde. Você existe, mas ninguém o vê. Há que se mostrar, expressar, comunicar. Há muitas maneiras para isso. Vou falar sobre algumas delas. Uma vai ser escolhida por você.

Se você quer viver só para si mesmo, tudo bem, isso pode satisfazê-lo. Mas não deveria agir assim. Você vive em comunidade, particular ou global. Há que comunicar o que pensa, o que sonha, o que se passa com você, o que já aconteceu, o que faz e o que pretende fazer, quais conquistas já teve, que amigos tem, por onde esteve, de onde é, para onde vai. É assim que você se identifica perante todos. De que serve sua história se você não comunica aquilo que é e faz?

A anedota diz que de nada adianta estar só na ilha com a *superstar* mais linda do mundo se não for possível comunicar aos amigos.

Ao belo cabe a exceção, por estar à vista. Com sua presença, comunica sua formosura. Ainda assim, faz-se necessário que o vejam, conheçam, admirem. De que vale o brotar da flor se a vemos em seu momento final? Nas pétalas caídas, sua beleza se desfaz. Para a natureza e os animais, parece-lhes bem; para nós, não. Até a flor há que se comunicar em seu auge.

> De que serve sua história se você não comunica aquilo que é e faz?

Aos quietos, há dificuldade de se comunicar, mostrar-se, deixar-se conhecer.

“É preciso que digamos o que podemos fazer e do que somos capazes. É dessa forma que atraímos o bem, o bom, o bonito e o interessante.”

Tornam-se neutros, sem destaque. Pode ser bom ou não, na maioria das vezes é ruim. Para que sermos quietos e desconhecidos e passarmos despercebidos em nossas qualidades? Por que não mostrarmos o bem que fazemos e os frutos que damos? Há que nos comunicarmos. É preciso que digamos o que somos, o que podemos fazer, do que somos capazes. É dessa forma que atraímos o bem, o bom, o bonito, o interessante. É dessa forma que temos a oportunidade de nos valorizarmos e buscarmos aquilo que pretendemos.

MUITAS FORMAS

O comunicar dos sentimentos tudo consegue. Na comoção que leva em si pode ao outro convencer e a situação transformar. Nada mais forte que o sentimento que nos pega pelo todo e nos faz acreditar. Por acaso, o choro não nos convence de que é preciso ajudar? Por acaso, o sorriso alegre não tem mais força do que a cara torcida? Por acaso, o sussurrar aos ouvidos não nos convence mais do que o grito estridente?

Por vezes, o olhar se comunica tão bem que desnecessárias se tornam as palavras. No comunicar do olhar, o sentimento transcende e a comunicação se estabelece. Pode vir com o sorriso que a todos convence. No comunicar correto de se vestir, se portar e na forma de se expressar, o emprego pode surgir e vencer o outro que também o queria. No comunicar, a disputa pelo amor pode ser decidida por aquele que, com carinho, se comunica e conquista.

É preciso se comunicar. O comunicar diferencia tudo, faz perceber o significado do que existe, daquilo que deve desabrochar para que todos vejam e conheçam. De que valeria a manequim nos passos lentos e deselegantes? De que valeriam as marcas se estivessem escondidas? De que valeria o preço menor se não estiver presente naquilo que oferta? De que valeriam os táxis na rua se não tivessem sua sinalização e se sua cor fosse igual à dos outros carros? De onde viriam o respeito e a devoção de milhares de pessoas ao santo milagroso se seu milagre ficasse restrito apenas às pessoas envolvidas com ele? De que valeriam as promessas de Deus se no livro maior não tivessem sido escritas e aos seus homens não lhes fosse dada a missão de a todos comunicar? De que valeriam os filhos se não lhes fosse dado o comunicar do respeito, do amor, da compreensão e do entendimento do mundo que virá?

É preciso se comunicar. Agora pode ser que você compreenda mais as primeiras frases desse verbo. Comunique-se! Isso pode ajudar a construir a sua vida.

O LÍDER

Muitos são os motivos do sucesso dos líderes. O comunicar é um deles.

No tom entusiasta da voz do líder, alterações sensíveis podem ocorrer no corpo e na mente, no batimento mais forte do coração, no levantar-se para ir à procura, no convencimento de que é possível, na sensação de poder que surge do nada, no encontro da força interna que não existia. É esse o poder da palavra do líder. Em suas falas entusiastas, os desafios ficam mais fáceis de serem vencidos, os ideais se aproximam, as metas pessoais e profissionais são conquistadas. É esse o poder do comunicar motivador que transforma as pessoas e as torna poderosas e capazes, que desperta sentimentos que elevam o ser humano ao ponto mais alto.

Muitos são os motivos do sucesso dos líderes. O comunicar é um deles. Em sua forma de se expressar, encontram o caminho mais curto, o atalho desconhecido, a oportunidade que talvez não acontecesse, os amigos que não conheceriam, o público que quem sabe não tivessem.

Se não houvesse o comunicar, que força teria a caridade, a entrega ao próximo, o dar a quem precisa? Aquele que prega pode ser o que o convence a praticar o bem. Aquele que comunica pode ser o que o converte a caminhos que se justificam na Terra e no céu: aqui pelas atitudes humanas, lá pela esperança da continuidade eterna.

Alguns se comunicam pelos ideais, pelo dar-se por completo, pelo sacrifício da própria vida em favor da do próximo. São os heróis da paz indiana, da caridade de Calcutá, da igualdade do negro.

Na falta da fala, do ouvir e da luz, alguns comunicam-se no toque dos dedos, nos passos dos animais, no aparelho desenvolvido, na tentativa de aliviarem o que lhes falta e terem esperanças. É nesse comunicar que se reintegram e encontram suas próprias felicidades.

Mas o pior de todos os tipos de comunicar é o da palavra ofensiva que causa estrago real, traz o pior, perdura no tempo, aumenta a distância, separa o junto e a tudo destrói.

Melhor seria o comunicar do silêncio em que a falta de palavras é menos agressiva, ou o comunicar do camaleão, que se adapta para sobreviver, comunicando-se quando se faz necessário ou disfarçando-se quando assim lhe convém. Melhor ainda seria se fôssemos autênticos no nosso comunicar, positivos em nosso pensar, amigos no nosso conviver, sinceros no nosso expressar. Mas a vida nos traz ameaças, e, por vezes, agimos como o camaleão.

A FAIXA MILAGROSA

Na época da primeira loja Habib's na rua Cerro Corá, havia um fato que me intrigava. Em dias de chuva, o movimento diminuía sensivelmente. Compreensível. Mas nos dias seguintes o fluxo de clientes continuava fraco. Isso sempre se repetia. Passaram-se meses para que eu descobrisse o mistério. Quando chovia, a faixa de pano enorme que eu tinha esticada na porta da loja com os dizeres "A melhor esfiha de São Paulo 0,19" se desfazia e caía. Eu

“Sem nos comunicar,
se somos mais,
aos outros
parecemos menos;
se somos fortes,
transparecemos
sermos fracos;
se somos ativos,
podemos dar a
impressão de
inativos.”

ficava sem comunicar meu produto principal e seu preço barato demais. Descobri que a tal faixa de pano era milagrosa, tinha capacidade de atrair milhares de clientes. Muitos só retornavam à loja quando eu mandava fazer nova faixa e a recolocava na porta. Nesse episódio, aprendi que uma simples faixa de pano pode se comunicar muito bem.

Talvez nossa rede não tivesse crescido tanto e gerado milhares de empregos se, naquela época, existisse a lei que proíbe os estabelecimentos comerciais de usarem luminosos para comunicar os preços dos produtos. Essa lei dificultou centenas de negócios. Para nós, o problema era: como comunicar o preço de zero vírgula alguns centavos aos nossos clientes? Restavam-nos agora os meios de comunicação caríssimos, acessíveis somente às multinacionais, donas de enormes verbas de marketing. Uma única inserção de trinta segundos na novela das nove na TV de maior audiência do Brasil pode passar de 400 mil reais; uma comunicação eficiente, mas de difícil acesso.

No entanto, leis foram feitas para serem respeitadas, e foi o que fizemos. Em noventa dias, retiramos todos os luminosos das lojas em São Paulo e fomos a primeira empresa a seguir a nova legislação. O então prefeito, Gilberto Kassab, convocou a imprensa e retribuiu-nos com uma visita à loja Habib's da avenida Francisco Morato. No dia seguinte, a notícia que seu projeto estava dando certo se espalhou por todos os jornais. Tornei-me conhecido dele, mas amigo de pouco conviver.

A PRIMEIRA CAMPANHA PUBLICITÁRIA

Nunca me esqueço da primeira campanha publicitária. Eram poucas lojas e não havia verba de marketing. Era somente o meu desejo e do Pedroso – meu querido diretor de marketing – de comunicar à população a existência de trinta lojas Habib's em São Paulo.

No bom relacionamento com o dono da empresa de *outdoor*, vizinha ao nosso escritório central, Pedroso o convenceu de que seus funcionários estavam indo todas as semanas em nossas lojas e gastavam muito. Uma troca seria boa para ambas as partes. Trocamos um ano de consumo de Bib'sfihas em qualquer uma das trinta lojas por cem placas de *outdoor* atrás das árvores, atrás das pontes, nas avenidas sem carros, nas esquinas despercebidas.

Não conseguimos medir o efeito que a campanha fez, mas eu e o Pedroso estávamos realizados, felizes. Rodamos os endereços das cem placas, uma a uma, e lá enxergamos a marca que havíamos criado. Aqueles momentos nos fizeram crer que, um dia, não íamos estar somente com cem placas escondidas, mas em todo o Brasil.

Dez anos depois, em 2003, fizemos a maior campanha de *outdoor* no Brasil: conseguimos colocar 440 placas espalhadas por todas as cidades em que havia lojas Habib's. A crença se realizou. Agora sim conseguimos avaliar e medir o poder do comunicar dos *outdoors*. A campanha foi sucesso total.

JUNTOS COM SÃO PAULO FUTEBOL CLUBE

Há muitas maneiras de uma empresa se comunicar para atingir o maior número de comunidades possíveis. A comunicação ligada ao futebol traz bons resultados. E nós estivemos em muitos times de futebol: Vasco, Londrina, Ponte Preta, Caxias, Vitória, mas foi no glorioso São Paulo Futebol Clube que nos comunicamos, em doze anos de parceria que segue até hoje. Faz parte da nossa história ter visto o capitão Rogério Ceni com a marca Habib's estampada na vitoriosa camisa do tricolor levantando as taças de Campeão Paulista, Campeão Brasileiro, Campeão da Libertadores e Campeão do Mundo. Quais consagrações são maiores que essas? Foi o tricolor que nos deu essa glória e, logicamente, o fato de sermos pé-quente. Na despedida do notável Rogério Ceni, conseguimos ver os técnicos Muricy Ramalho e Paulo Autuori juntos com os grandes jogadores do São Paulo em campo, entre eles Raí, Cafu, Müller, Lugano, Zetti, Toninho Cerezo, Mineiro e Aloísio, estampando a logomarca do Habib's para cerca de 60 mil torcedores que lotaram o Estádio do Morumbi. Foi um momento de glória para todos nós.

Em todos esses momentos vitoriosos, conseguimos nos comunicar com centenas de milhões de pessoas que nos viram pela TV, pelos jornais e por outras mídias. Mesmo sendo um restaurante que nada tem a ver com empresa de esporte, em maio de 2007 o jornal *Meio & Mensagem* divulgou pesquisa das marcas mais lembradas no Estado de São Paulo ligadas ao futebol e o Habib's ficou em quinto lugar, na frente de marcas importantes como Panasonic, Nike, Bombril, Reebok, Adidas e Petrobras, entre outras. O poder do comunicar se fez presente.

MEU MODO PARTICULAR

Foram muitas as formas que utilizei para me comunicar. Correta é a descrição na obra de arte que afirma: "Comunicar é o grande diferencial humano na busca do sucesso". Pelo comunicar da fala entusiasta, conquistei a liderança – não do poder, mas de ser ouvido e entendido no bem que trago a todos. Pelo discurso envolvente, levei à motivação que não trouxe só conhecimento, mas a palavra comovente que dá frutos maiores que o próprio conhecer. De que vale o conhecer sem o motivar? Pouco. O primeiro não se aplica sem o segundo.

Na preocupação com todos, comuniquei-me recompensando o sacrifício que fazem naquilo em que trabalham, nas conquistas das metas colocadas a eles. Com todos, comuniquei-me pela recompensa e pelo prêmio. De nada valem os afazeres mais comprometidos se a recompensa e o prêmio final retardam ou não vêm. É na recompensa que se encontra a grandiosidade do reconhecimento, do valor, do cargo ou até do suprimento que não provê só o bolso, mas a alma e o coração. Na emoção e no reconhecimento, as pessoas podem dizer: sou mais bem-sucedido, conquistei o desafio, ganhei o troféu, realizei-me na viagem do sonho, no carro zero quilômetro, na TV de última geração, na emoção dos aplausos, na subida ao palco, na medalha dourada mostrada no peito. Nesse comunicar que fiz com todos, descobri que eles se realizam.

Com a experiência do próximo, comuniquei-me com ele à procura de aprender. Vi que o futuro poderia ser mais tranquilo se eu soubesse aquilo. Foi nesse comunicar de admiração que encontrei minhas receitas, meus caminhos e meus ensinamentos maiores.

Pelo comunicar das necessidades, instiguei a todos a procurar pela inovação, que surgiu, de um lado e de outro, e a tudo mudou; da necessidade veio a fartura.

No comunicar do exemplo, mostrei a todos o que fiz. No exemplo, as pessoas se espelham, analisam e mudam a forma de pensar e também de trabalhar. Que diferença enorme isso faz!

Comuniquei-me pelos livros em momentos diversos. Livros têm a particularidade de serem lentos na propagação, mas eficientes na missão. Permitem o entender e o estudar no tempo certo. Por estarem à disposição, podem encontrar e servir muitas pessoas.

Ao todo foram nove livros; este é o décimo. Oito deles para os colaboradores entenderem, motivarem-se e evoluírem em suas funções, qualificando-se profissionalmente. É nessa qualificação que produzem mais e fazem aumentar os valores do sustento da família e daqueles que amam.

Na escrita de um deles, consegui comunicar tudo o que vi e aprendi, nas experiências melhores e piores. Inspirado na história que contei da segunda franquia, defini as 77 regras de como administrar uma loja Habib's para que a indefinição não existisse. Levei conhecimento a mais de 20 mil colaboradores. Na persistência do querer, quase 5 mil estudaram e foram aprovados em nosso vestibular.

Na busca constante, criei outros diferenciais. "Muito mais por muito menos" é um deles. No diferencial maior nos transformamos em sinônimo do que alguns publicitários questionam e querem mudar. Alegam a importância de outros itens, que justificam serem maiores do que o que considero. Às vezes, me convencem, e neles me perco. Por poucos meses, não mais que isso. Sorte minha ter esse diferencial em meu DNA. Ele convive nos meus cromossomos, e ninguém é capaz de mudá-lo.

Pela qualidade dos produtos, comuniquei o diferencial do prazer. De nada adiantaria o diferencial maior – o preço baixo – se a satisfação do cliente não existisse. Talvez o diferencial maior conquistasse as pessoas se fosse a única vantagem, mas não perduraria por 27 anos seguidos.

Pela dignidade que ofereci aos clientes que não a encontram no concorrente feroz, comuniquei-me e conquistei a multidão de pessoas que se sente grata pelo que oferecemos, sem exigirmos um valor inviável.

Do jeito que me comunico com a empresa, tento manter a união de todos os nossos colaboradores como se fossem uma única família. É essa união que nos faz lutarmos uns pelos outros, que faz o ideal ser maior que a obrigação, que não se faz valer pelo poder, mas sim pelo respeito e pela amizade. É nessa união que, acredito, os laços perduram e tornam-se mais fortes.

Na presidência, posso ser pai; no comando, posso ser irmão; no pedido de ajuda, posso ser filho; no empréstimo, posso ser amigo; no atendimento, posso receber bênçãos; no momento de empregar, posso ser reconhecido por aqui e, quem sabe, por lá.

Essas são as maneiras que encontrei de me comunicar. Procurei fazê-las na sinceridade, transmiti-las no amor, apresentá-las na ajuda e na recompensa. Em meu íntimo, tornei-as importantes para mim. Esse verbo me ajudou a construir a minha vida. Pode ajudar a construir a sua. Comunique-se!

STAR WARS

ENCANTAR

◀

A obra utiliza, de forma lúdica, imagens de grandes licenciamentos e amostras de brindes infantis que marcaram a história do Habib's. A própria construção do quadro é feita com materiais de uso escolar, como a tinta plástica. Em meio a personagens mundialmente conhecidos do universo infantil, sobressai o gênio, que vem cativando crianças há 25 anos. Tons vibrantes e coloridos, tendo vermelho e amarelo como base, representam a alegria e a vitalidade da marca e enfatizam o poder da criança no negócio da empresa, que busca encantá-las com seus kits Habib's. Destaque para os animais que participaram da campanha "Que bicho é esse", que distribuiu 2 milhões de livros mostrando como vivem, se alimentam e se reproduzem.

O PODER DO ENCANTAR

Há algumas maneiras de nos encantarmos. Pode ser por algo bom que não esperávamos e aconteceu; pode ser pelo reconhecimento premiado que veio antes da hora; pode ser pela surpresa que surge em seu auge; pode ser pelo não merecimento que recebeu o presente sonhado. Se a conquista é das maiores, pulamos; se o carinho é grande, nos apaixonamos; se o amor é com o que sonhamos, prometemos os céus; se o trabalho é com o que gostamos, subimos degraus e nos realizamos; se os amigos são os mais chegados, nos divertimos; se as lembranças são queridas, recordamos; se a notícia boa vem com emoção, choramos de alegria; se o presente é o que queríamos, vibramos. No encantar, reagimos a tudo.

Das lembranças mais importantes jamais nos esquecemos; nos encantamos com elas. Não há como esquecer aquilo que marcou nossa trajetória, algum momento especial, a época em que ocorreu. É nesses tipos de encantar que estão registrados o nosso existir, intensos na forma de ocorrer, surpreendentes na forma de nos sensibilizar.

Se não há o encantar, não há o que recordar. Da paixão que nada lembramos, não houve encanto. Da outra, que só ao tocar uma música dela recordamos, houve o encanto e mais o amor.

> O pouco pode surpreender o muito quando vem com amor.

Há o encantar do bebê que nos meses intensos se aguardou; há o encantar

"É o encantar daquele que lhe dá algo que não merece que o sensibiliza. É o encantar daquele que o serve sem esperar algo em troca que o comove. A obrigação pouco encanta porque não é no amor que se sustenta."

de rever o filho que retornou a casa depois de anos; há o encantar do sonho que se antecipa no momento inesperado. São exemplos de encantar os que não se contentam em se expressar apenas nos lábios e dentes, necessitam dos olhos para mostrarem o que se passa no coração. Neles há emoção e sentimentos. No íntimo, toca, aprofunda-se e mexe com a alma. Felizes aqueles que os sentem, os têm e os veem.

O encantar da primeira vez perdura no sempre; traz a novidade do nunca ter visto, nem tampouco passado. Do primeiro olhar surgiu o primeiro namoro, o primeiro amor, o primeiro beijo. Não há como esquecê-los. Da primeira moto surgiu a primeira garota estupenda que na memória ficou. Nos cabelos, no corpo, nas pernas e nos seios; marcou a diferença das outras. Do primeiro veículo veio o falso poder, que pareceu verdadeiro, na liberdade que com ele trouxe. Conquistou degraus na sociedade, que diferencia as quatro rodas das seis que conduzem o ônibus lotado. No encantar das primeiras vezes, as recordações sobrevivem e é difícil esquecê-las.

Há o encantar dos afortunados, que pode ser a viagem das revistas *top*; a roupa do costureiro de poucos; o carregar da bolsa que orgulha quem a carrega, como se ali estivesse o dinheiro do mundo; o relógio numerado com edição limitada. Aos afortunados, o dinheiro permite esses encantos. Complexo em seu entender, simples no exercer.

Aos menos afortunados, cabe o trabalho dobrado para mudar de vida, se eles desejam se encantar com o descobrir desses bens materiais que parecem melhores, que parecem completos, mas que por vezes não o são.

O pouco pode surpreender o muito quando vem com amor.

Há coisas simples que podem ter encantos maiores que bens materiais; como a igualdade, a dignidade, o respeito, a moral, os sentimentos. Não que os encantos dos afortunados não existam.

É que o pouco pode surpreender o muito quando vem com amor. Vamos aos exemplos.

Encanta-se a mulher apaixonada com um buquê de rosas vermelhas, que vem com um cartão com dizeres de coração apaixonado. Pergunto: é melhor essa paixão ou a roupa que pouco é usada?

Encanta-se o filho quando recebe de presente a bicicleta que se move mais rápido que seus passos a correr, que vê a paisagem que antes não via, que descobre o vento que agora sopra. Dá mais prazer ver esse filho feliz ou ter o relógio numerado de poucos? De qual deles você se desprenderia sem culpa?

Ainda que o encantar dos ricos não caiba aos menos afortunados, que perda os últimos teriam? Nenhuma. Não cabe sofrimento naquilo que se desconhece. Não cabe o querer se não se sabe qual gosto tem. Não cabe a dor a quem não conhece o sofrer. Então, por que os menos afortunados haveriam de sofrer pelo desconhecido, se não o experimentaram?

Os encantos são muitos, as escolhas também. Ao bolso não cabe o todo maior. Na simplicidade, há encantos mais sedutores. Descobri-los cabe a todos, aos menos e aos mais ricos. A felicidade está ao alcance dos que a buscam. É nela que o encanto é maior. Busque-a. Procure seus encantos e seja feliz!

O ENCANTAR DO SERVIR

No encantar do servir e do dar-se há a surpresa do nada impor, do nada cobrar. Você pergunta: "O que fiz para merecer tanto?". Ele responde: "Nada. Fiz apenas por você".

É o encantar daquele que o serve sem esperar algo em troca que o comove. É o encantar daquele que lhe dá algo de que não merece que o sensibiliza. A obrigação pouco encanta porque não é no amor que se sustenta.

Melhor o encantar daquele que é fiel e se dedica horas e meses preciosos e nada cobra por isso. Somente quer conviver com você.

Melhor o encantar do servo que o atende sempre com dedicação e afeto. Naquilo que recebe, ele adora e ama você.

Melhor o encantar do pai que durante anos serve o filho. O pai diz: "Faço porque o amo e quero o melhor para você. Se vai retribuir, só a você pertence essa decisão; tomara que sim. Me encantarei com esse amor". É esse encantar que ao filho encanta.

É o encantar daquele que o atende sem nada pedir que dá bons resultados; é o encantar daquele que lhe dá o troco maior do que esperava que o surpreende. Na obrigatoriedade do fazer, não há o encanto do surpreender.

Até na ofensa é possível encantar. Por acaso, você não se encanta quando ofende seu próximo e ele não devolve a injúria? Houve a ofensa sem resposta da revolta e da agressão. Não pararia para pensar sobre o silêncio do outro que você ofendeu? Você se encanta pela não reação e pede perdão pela agressão que não deveria existir. Encanta-se pela resposta que não veio.

Melhor é aquele que busca encantar a todos com quem convive sem que haja insultos; assim, encontra amigos sinceros, o relacionamento e a paz que tanto procura, que tanto bem fazem.

PLANETA AZUL

O Planeta Azul encontra-se só. A quem pertenceria? Ao Deus que criamos na fé? Difícil mesmo de entender como tanta beleza se fez. Poderíamos ser únicos por viver aqui. No entanto, dividimo-nos e pegamos outro destino. Dividimos o único em partes, no egoísmo de tudo querer e pouco repartir. Formaram-se muitos pedaços delimitados nas leis que não existiam, nas diferenças que só aqui embaixo se veem, nas raças e nos credos. Formaram-se nações, dividiram-se continentes, desintegraram-se povos. Dividimos o único e o transformamos em muitos. Tornamo-nos desordenados ao nos individualizar e separar.

Convoco à reflexão. Não há dúvida de que somos únicos. Nos outros planetas distantes que habitam o espaço, nem vida encontramos. Na nossa individualidade foi-nos dado o sentido de viver, a dádiva de estarmos no Planeta Azul, a dádiva de nos multiplicarmos, avançarmos e nos reinventarmos para tê-lo por todo o sempre.

Não seríamos tão poucos perto de toda essa grandeza vista do espaço? O que representamos nisso tudo quando a visão é de longe? O que seria maior: o mar, a terra, as florestas e todo o Planeta Azul ou nós – os pequenos que não são vistos a distância? O que seria maior: toda a natureza que a tudo reflete em sua grandiosidade ou as obras que por aqui fizemos e de lá de cima não se veem no pouco sentido que têm?

De perto, de onde vivemos, parece que somos importantes. De longe, ao que parece, nem mesmo existimos. Não seria essa a questão principal de, já que pequenos somos, nos unirmos para nos aproximarmos de algo maior? Tire a reflexão.

MEU ENCANTO NA TERRA

Meu querido leitor, se você chegou até aqui é porque estamos nos tornando íntimos. Vou compartilhar com você meu encanto na Terra – meu pedaço de céu. Na primeira vez que o vi, encantei-me. Que bênção seria o privilégio de tê-lo. Pertencia a um francês que vivia nos arredores de Paris e cansou-se de passar as férias em Miami.

A família dividida colocou-o à venda. Apaixonei-me por ele; quem sabe com sorte e como presente de Deus conseguiria comprá-lo. À noite, pelo lado de fora, vendo o mar e ao fundo a cidade de Miami, de joelhos fiz o pedido a Deus. Orei por uma chance, se eu a merecesse. Queria-o muito; era o encanto que desejava havia anos: um apartamento dos sonhos numa ilha dos sonhos – Fisher Island. A beleza natural e a paz de tudo que disse até aqui ali se encontravam.

Durante meses, propostas de valores que eu poderia pagar iam e voltavam como se não existissem; até que uma delas sensibilizou o francês, contrariando seus filhos. Dei o sinal, já que o restante seria em prestações. O apartamento era meu, mas ainda não tinha tomado posse. Acreditei, fervorosamente, que fora um presente de Deus. Presenteava-me por todo o sacrifício de anos e anos de trabalho incansável, dedicado, persistente.

Mas entre o sinal e a entrega do apartamento ocorreu um episódio. Na pequena cidade de Neuilly-sur-Seine, aos arredores de Paris, onde nunca acontecera um assassinato, houve o primeiro. A vítima foi o francês, o dono do meu apartamento. Não o conhecia pessoalmente, somente por fotos. A corretora deu-me a notícia, acompanhada de outra: com a morte do pai, os filhos devolveriam o valor do sinal pago, em dobro se preciso fosse, mas não venderiam mais o apartamento. Entristeci-me com o que disse a corretora Carla, que já me havia trazido fotos de outros apartamentos. Nem olhei para elas. Meu encanto era único. Haveria que passar por mais um teste. Era hora de eu usar o terceiro verbo – persistir – para ver o que aconteceria.

Fui ao encontro dos filhos do francês. Na conversa, foram irredutíveis. Ao contrário dos pais, moravam em Miami. Disseram que jamais venderiam o que mais adoravam, o que lhes dava prazer. A filha mais velha alegou: "Nesse apartamento vivemos os melhores momentos de nossas vidas; ele traz recordações de instantes felizes que passamos com nosso pai". Com essas palavras ela me comoveu e quase me convenceu. Mas, no final, surgiram segundos de arrogância, comum a alguns franceses: "Não vamos vender, queira ou não. Fim de conversa, encerrado o assunto". Por esse posicionamento, a corretora Carla já entregara os pontos.

Saí da reunião arrasado, mas não desisti – persisti. Havia o documento assinado. Mandei traduzi-lo e o analisei, pessoalmente, frase por frase, linha por linha, várias vezes. Minha análise coincidiu com a dos advogados: quem vendera o apartamento para mim não fora o francês, e sim a empresa dele. Ele apenas assinou e a representou. Empresas perduram, não morrem. A lei norte-americana era clara: a negociação havia que ser respeitada.

Passaram-se meses. Deu tudo certo. Recebi meu pedaço de céu na Terra, aquele com o qual sonhara por anos e anos. Presente de Deus. Sonhar nos ajuda a construir nossas vidas. Sonhe e busque aquilo que quer.

FISHER ISLAND

Para chegar à ilha, não há estradas nem pontes. Na balsa, o romantismo tem início. É a primeira respiração tranquila de paz, como se a ilha dissesse: "Curta a chegada, relaxe". Ao lado de minha esposa, olho para cima e vejo a Lua e o céu estrelado, lindo e maravilhoso. Por dez minutos, nós nos deslumbramos vendo o mar, que a tudo reflete, como se fosse um imenso espelho a brilhar.

No amanhecer, a ilha é bela. No caminhar ou no passeio de bicicleta, pode-se descobri-la em seu esplendor. Árvores altas cercam os caminhos e os individualizam num túnel de verdes. Nas primaveras brotam as flores roxas e lilases que sobressaem e contrastam com o verde. A ilha é um imenso jardim. O gramado do campo de golfe forma o tapete verde. De um lado, os lagos o cercam; do outro lado, o mar. A natureza é bela. Há que se parar por instantes para apreciá-la.

As areias branquíssimas da praia preferida recebem guarda-sóis brancos e cadeiras longas que permitem o descanso daqueles que ali repousam. O mar é sereno, a água é morna. As ondas são pequenas, quase inexistentes. Mar e areia se abraçam, como se íntimos fossem. As crianças adoram. Tudo é perfeito. O sol brilha, o vento se faz presente e vem de todos os lados da ilha, a brisa dá o frescor natural que ameniza o calor. Horas se passam como se não existissem. O nada é tudo; o pouco é muito. Tudo na calma. Reina a paz. Descobre-se que na simplicidade de nada fazer tudo se faz!

MEU PEDAÇO DE CÉU

Agora me encontro em meu pedaço do céu. Que bênção poder dizer isso. Ele tem a vista com que sempre sonhei. Dela, não me canso. Já disse e repito: uma bênção de Deus. Na fé que carrego, tudo é possível.

> O que você busca, imagina, idealiza e valoriza no pensamento coincide com a sua trajetória. O subconsciente é poderoso, e só a você cabe entendê-lo. É assim que ocorrem as coincidências.

Da varanda tudo se vê. A paisagem de todo o mar com a cidade de Miami ao fundo. Ao lado, se vê a ilha virgem esverdeada, cujos pássaros cantantes quebram o silêncio tão bom de ouvir. Os coqueiros embelezam o cenário em frente ao mar e se movimentam com a brisa suave. São os encantos da natureza dando um show.

Ao acordar, o café fica posto à mesa por toda a manhã à espera de cada um da família, nos horários fixos que não existem e se alternam. Um a um, converso compassadamente com todos os filhos; longos papos transcorrem. Descubro-os no tempo em que estão e no viver do momento. Só as férias permitem isso.

No sofá da varanda, sento-me, estico as pernas e escrevo, escrevo, sem parar... o tempo está livre para o texto, que é deste livro. Uma boa parte dele foi na ilha que escrevi. Descubro que há um trabalho longo e intenso para escrever um livro. Persisti por você, meu leitor.

O mais bonito da vista ainda está por vir. O sol prepara-se para se despedir. Do alto vai se pondo, em frente à varanda, sempre no mesmo lugar, ao lado dos prédios da cidade que, com suas fachadas envidraçadas, o refletem.

A bola de fogo baixa ao nível do mar. É um momento único; pode-se vê-la descendo, descendo, descendo, como se estivesse em câmara lenta. Agora, as nuvens refletem o amarelão do sol, que varia em tons coloridos: em alguns lugares avermelhados, em outros alaranjados. Há um *finish* que segura a todos no olhar. A pequena ponta da bola de fogo desaparece, mas seu clarão alaranjado se põe por trás do alinhamento dos prédios. O sol se foi; não a sua luz. Agora, as nuvens trocam de cor. Quase indescritível!

É o pôr do sol mais lindo que já vi e sonhei. Na minha lua de mel, há 25 anos, estive em Key West só para ver o pôr do sol. Lá confirmei: um dos mais lindos do mundo, parecido com o que tenho todos os dias em "meu pedaço de céu, em meu encanto da Terra". Presente de Deus. Na oração, agradeço a cada pôr do sol que se repete, não igual, mas na variação de que só os encantos da natureza são capazes.

O ENCANTAR DO LUAR

Tem início o escurecer. O alaranjado, bem aos poucos, vai deixando de existir. É trocado pelo brilho das luzes dos edifícios, lá distantes, que formam um clarão único refletido na frente do mar. Suas luzes brancas contrastam com o escuro da noite. Parte do mar fica clara; parte fica escura. Os veleiros, com suas luzes azuis únicas no topo do mastro, já estão em frente à nossa varanda. Vieram para o show do luar.

No romantismo da vista, renovamos a aproximação e o amor da família, esposa e filhos. Na imensidão da parte escura do mar, surge o brilho do luar prateado que percorre da ponta mais próxima à mais distante; não tem fim, perde-se no horizonte. Em cada movimento lateral que fazemos, o caminho de luz prateada muda de posição, mas não nos deixa; acompanha e nos persegue, sem nos perder de vista.

A Deus, novamente, agradeço pelo meu pedaço de céu, que mudou meus dias de descanso nas férias.

Na simplicidade lá do meu início, em que andava de ônibus com os passes contados, jamais achei que teria direito a esse pedaço de céu, mas pratiquei dois verbos, fortes demais: sonhar e acreditar. Faça o mesmo! Não importa a posição em que esteja, sonhar e acreditar podem ajudar você a construir sua vida e a conquistar seu pedaço de céu.

A INOCÊNCIA DA CRIANÇA

No verbo encantar há que se falar de crianças. Elas carregam a pureza do amor inocente. Vivem nos surpreendendo com o sorriso aberto, o abraço amigo e o beijo sincero que só a elas pertencem.

Na cumplicidade desse amor da criança, o encanto acontece na doação sem nada cobrar. Se ela cobra você é por amor, por estar com ela, por querer a sua companhia no momento que bem desejar. Ela procura porque precisa de você; chama porque o quer por perto; clama porque você é o pai; chora porque sente sua falta. A criança tem a cumplicidade de que tanto gostamos. Amamos servi-la em sua inocência e alegria. Faz bem à alma e à mente.

Em sua sinceridade ímpar, que não se vê depois, o encanto se realiza naquilo que questiona e faz você se surpreender, comover e pensar. "Por que trabalha tanto? Por que não fica comigo? Por que não posso estar com você a todo momento?"

Na inocência, a criança nos comove e surpreende; na alegria, nos diverte; na cumplicidade, nos torna parceiros de sua existência; na sinceridade, nos faz refletir e analisar o que não vemos. Há muitas formas de a criança nos encantar. Ela faz bem à nossa vida. Talvez por isso tive tantas crianças: filhos, cinco; no Projeto Ciranda da Vila Andrade, 260. Com esse projeto encontrei uma forma de ajudar crianças a terem uma vida melhor na alimentação, na educação e na dignidade. Duas gerações já passaram por lá.

CRESCEMOS JUNTOS

Empresas precisam estar bem com as crianças. Um local cheio de crianças é, antes de tudo, um local alegre, feliz. Quando nos dedicamos a elas, ficam recordações em suas mentes; não nos esquecem, são cúmplices, sabem que existimos, lembram-se de nós. Pode ser pelas recordações dos irmãos e dos pais reunidos em nossa mesa, pela alegria dos brinquedos no *playground* ou até pelo *kit* que trouxe as surpresas. Nessas experiências alegres e intimistas, pode ser que se recordem da nossa marca, do que fizeram, do que se alimentaram, por que se divertiram. Boas experiências fazem as pessoas se apegarem a uma marca, quando pequenas ou adultas. É na dedicação ao bom tratamento ao cliente, seja ele criança, seja ele adulto, que a marca se fixa. Às crianças são dados poderes, por vezes, influentes e decisivos.

Que poder é maior do que o pedido de uma criança aos pais e avós? Que pedido é mais forte, intenso e expressivo do que a fala e o sorriso amoroso que nos comovem no desejo daquilo que pedem?

Aonde você iria: ao lugar que pretendia ir ou ao que seu filho pede? O que comeria: o prato sofisticado visto no cardápio ou o lanche que seu filho quer que você divida com ele? Qual sabor único de pizza pediria: o seu ou o dele?

Passaram-se quase três décadas: das crianças e do gênio Habib's. Nesses 25 anos, cresceram juntos, tornaram-se adultos, tiveram filhos – as crianças, alguns; o gênio, centenas. Testemunhas foram um do outro. Ambos presenciaram seu crescimento. Conviveram na cumplicidade das visitas que ocorreram, viram-se em momentos importantes, testemunharam muitas histórias. Participar desse ciclo já valeu a história do gênio. É a magia da vida que na conquista da infância tornou-se adulta e replica a continuidade do querer.

QUE BICHO É ESSE?

No mundo das crianças, entramos. Seus personagens estiveram e estão conosco; afinal, boas companhias atraem boas companhias. Fizemos muitas campanhas infantis e com elas milhões de crianças nos visitaram. Batman, Homem-Aranha, Capitão América, Hulk e toda a turma dos Vingadores estiveram em nossas lojas e animaram nossas crianças.

Percorremos o mundo infantil de fantasia, repleto de emoções e alegrias, com Pernalonga, Snoopy, Popeye. Com o Pica-Pau, batemos recordes, recebemos uma homenagem única no mundo feita pela Warner Bros: um DVD de platina.

De todas as campanhas infantis, a de que mais gostei e com a qual mais vibrei foi a "Que bicho é esse?", que apresentou às crianças 25 tipos de animais diferentes.

Editamos 25 livros, um para cada bicho. Neles, explicamos como o animal vive, o que come e como se reproduz. As crianças vibraram. Ganhamos prêmios de várias entidades infantis. Choveram pedidos de escolas públicas nos solicitando livros. No final, reeditamos e totalizamos a distribuição de 2 milhões de livros. Pense bem: 2 MILHÕES de livros. Foi um projeto que me deixou orgulhoso e feliz por tudo o que trouxe de bom às crianças.

Nas descrições ilustrativas, elas descobriram particularidades dos animais: como a tartaruga anda e caminha; como a borboleta voa depois de sair do casulo. As crianças descobriram a escala evolutiva dos animais, como se alimentam um dos outros e como sobrevivem na forma que Deus os fez e os criou.

A resposta à pergunta "Que bicho é esse?" veio pela descoberta que as crianças fizeram nos livros e nos próprios brinquedos, que pareciam reais e se moviam como se fossem.

A incongruência dessa história é que pela primeira vez tive que comparecer a uma entidade governamental. Sofremos denúncias contra a campanha. Alegaram que restaurantes não podiam se associar a livros educacionais. Levei os brinquedos e os livros à entidade e, pessoalmente, expliquei tudo aos seus representantes. Salientei a função educacional dos milhões de livros editados, distribuídos nas lojas e nas escolas. Todos ficaram admirados com o projeto, de boca aberta e surpresos. Ainda assim, pouco adiantou. Permaneceu a multa que fora dada no início, sem critério algum, muito provavelmente por erro de interpretação. Continuamos a respondê-la à espera do seu cancelamento, que ainda não se deu. Faz parte. O que é que se vai fazer? "Que bicho é esse?" pode ser a questão para alguns poucos humanos que querem complicar o simples e o bem e confundem-se em suas existências e nas funções que exercem. Há bichos de todos os tipos. Assim como os 25 que expusemos, temos que nos adaptar para sobreviver.

COINCIDÊNCIAS

A vida é feita de coincidências. Muitas delas buscamos no pensamento. A coincidência de ter encontrado a mulher dos seus sonhos veio porque, no pensamento, você a buscava. A coincidência dos filhos saudáveis veio porque, no pensamento, você os imaginava. A coincidência do emprego excelente veio porque, no pensamento, você o idealizava. A coincidência da vista linda veio porque, no pensamento, você a valorizava. O que você busca, imagina, idealiza e valoriza no pensamento coincide com a sua trajetória. O subconsciente é poderoso, e só a você cabe entendê-lo. É assim que ocorrem as coincidências.

De todo esse amor por crianças, veio a coincidência da logomarca do gênio Habib's. Ela surgiu com o gênio saindo da lâmpada mágica, pedindo que fossem feitos três pedidos para que ele os realizasse. Nada mais lúdico que isso para as crianças, nada mais criativo para sua imaginação, nada mais inspirador para que criem histórias mágicas. Nascemos numa história de encantamento, da mistura de lâmpada, gênio e mágica. Pode ser que esse seja um dos motivos de sermos bem recebidos pelas crianças.

Na vida há que se prever coincidências, mas é preciso pensar sobre elas; é assim que ocorrem. O dia a dia não deve ser feito apenas da verdade, mas de encantamentos que nos permitam viajar pelo lúdico e pelo imaginativo. É esse o significado maior do encantar. Viver feliz, alegre, livre e solto para deslumbrar um futuro feliz, alegre, livre, solto e imaginativo. Ter o encanto do gênio ajudou a minha vida. Pense e mentalize qual encanto você quer. Quem sabe ocorram coincidências em sua vida.

CONQUISTAR

◂

A composição da obra de arte mescla símbolos, como a letra H, o gênio, o vermelho e o amarelo. A tela é povoada por bonequinhos como os do truque que se aprende quando criança, em que uma silhueta é recortada num pedacinho de papel e – voilá! *– surgem vários que se multiplicam por toda a extensão, como num passe de mágica. O trabalho brinca ainda com o jogo do positivo e negativo, de forma a lançar sombras avessas, que revelam e fazem surgir novos personagens. A delicadeza de uma fina folha de papel corta a composição ao meio, apresentando-se como uma barreira vazada, um muro frágil, um atravessar de paredes, que não impõe limites às conquistas. A leitura feita de baixo para cima mostra como poucos se transformam em muitos e permitem que todos caminhem numa mesma direção ao mesmo tempo em que se sustentam. A estrutura reforça a ideia de que as pessoas que se conquistam ficam ainda mais ligadas. Isso possibilita criar uma corrente, com aumento de massa e força, que atrai ainda mais pessoas, o que justifica maior concentração de bonecos em determinados pontos da obra. Nota-se também a preocupação em fazer um boneco diferente do outro, em respeito à individualidade e às particularidades.*

CONQUISTAR, VOCÊ É QUEM FAZ

Há muitas maneiras de conquistar. Na mais aguerrida, o conquistar lembra batalhas. Não há conquistas sem batalhas; se houver, não são tão verdadeiras. Até no conquistar do amor há a batalha de vencer a disputa que se dá no interesse de dois ou mais por um só.

O melhor conquistar é aquele que é você quem faz, consegue, determina. Nesse conquistar há a obra e a realização, o feitio e o feito.

Esse verbo não pertence aos que pouco ligam para vitórias, aos que não têm prazer no que fazem. Não pertence aos que só fazem pelo dever de cumprir a tarefa, sem nela mergulhar, e a fazem no horário obrigatório para o pouco ter. Conquistar não pertence a eles.

Que seria do conquistar sem a coragem dos batalhadores que suportam a pressão e nela exercem o poder do querer e vão para cima daquilo que buscam? Que seria do conquistar sem a coragem dos homens que, sem medir esforços, dão parte de si mesmos, do corpo e da alma pelos ideais maiores, mesmo sem entender os motivos reais do confronto?

> O melhor conquistar é aquele que é você quem faz, consegue, determina.

Os sentidos que traduzem todas essas conquistas são a batalha do se envolver, se dar, se entregar, e também do esforço incansável.

O conquistar mais prazeroso é aquele que vê a realização, o feito, a obra e

“Que seria do conquistar sem a coragem dos batalhadores que suportam a pressão e nela exercem o poder do querer e vão para cima daquilo que buscam?”

relembra sua história – o início, o meio e o fim. Nesse conquistar você dá valor maior ao que conquistou, nem tanto por seu valor monetário, mas pelo exemplo que serve a todos e a você mesmo. Nesse conquistar seu orgulho é maior, você consegue resultados, pode servir de exemplo para seus filhos.

Pode ser o conquistar na profissão pelo cargo que você luta; o diploma que durante anos demorou para conseguir, mas agora o deixa apto para exercer o planejado. Não importa, esse conquistar é por demais importante, vem do seu suor, do seu trabalho, das suas próprias mãos, da sua luta incansável, da sua própria batalha. Identificou-se? Algo você conquistou!

O CONQUISTAR DOS SENTIMENTOS

Há o conquistar da ternura, da amizade e do amor, que a tudo conquistam no desejo do querer perto estar, na delicadeza da fala mansa, no abraço gostoso e sincero, no carinho simples que tão bem faz à alma. No conquistar dos sentimentos há mais que o esforço, que aqui pouco adianta. Há que ser pelo bem do querer, do entender, do estar e ficar, do respeito, da amizade e, principalmente, do amor. Associa isso a alguém? É porque o ama!

No agito ou na calma, o conquistar dos sentimentos é o que nos preenche como seres humanos. Temos que ser o que somos. Não há que mudar a missão principal, que a cada um cabe a escolha. Não há que mudar o sentimento do que se pensa e se transformar naquilo que o mundo traz diferente da concepção original.

Como seres humanos, há o que conquistarmos. Pode ser o conquistar da amizade, que nos ajuda a viver bem, por termos com quem falar, conversar, nos relacionar, aprender, curtir e nos divertir. Pode ser o conquistar da ternura, que na sua meiguice dá um toque especial às pessoas. Pode ser o conquistar da paixão, que no seu fervor arde tudo o que a envolve. Pode ser o conquistar do respeito, que valoriza a nós e ao próximo, nos engrandecendo no pouco ou no muito que somos. Pode ser o conquistar da valorização do próprio íntimo, que nos torna maiores perante nós mesmos e a quem amamos. Pode ser no conquistar do amparo, que nos cura das dores e das lutas perdidas. Há que se conquistar todos esses sentimentos. São eles que nos fazem seres humanos melhores.

O CONQUISTAR DO SEXO

Sexo é uma das colunas de sustento de nossa vida. Por vezes, ele pode complicá-la ou ajudá-la. Sem sexo, muito se compromete. Com sexo, encontram-se os prazeres que aos deuses pertencem. É por isso que tanto o buscamos.

> Conquistar não pertence aos que pouco ligam para vitórias. Eles não têm prazer no que fazem.

Na conquista do sexo, o brilho dos olhos se torna especial. A face traduz a expressão do prazer. O sussurrar diz o que é permitido nas palavras ousadas, ancoradas nesse momento especial do encontro. O coração, se estiver comprometido, intercala essas palavras com as de amor, que tocam o coração e a alma e aumentam o prazer.

A conquista se aprofunda na dosagem maior da paixão. A sensibilidade da pele se eleva. Os beijos ardentes fazem estremecer o parceiro. No fervor, os corpos se amam como se fossem feitos um para o outro. Aos olhos, tudo se intensifica e parece bom. É o poder da liberdade, que na busca descobre o prazer supremo do amor num momento especial de explosão. É esse o prazer dos deuses que temos a honra de ter.

Nesse prazer nos encontramos, nele acrescentamos sentido maior ao existir, renovamos as promessas, eliminamos as distâncias, reconciliamos o desejo do juntos viver, garantimos a estabilidade e o futuro melhor.

Se a esse prazer não se conquista, há que se entender o porquê: se devido à forma de amar, de se relacionar, ou à falta de carinho que existe antes de tudo. Temos que conquistar esse prazer em sua plenitude maior. No seu encontro, tudo se reencontra: a chama reacende, o diálogo retorna, a ansiedade desaparece, o entendimento é reconfortante, o amor renasce no desejo de um estar ao lado do outro.

É nesse prazer dos deuses que se passam os anos juntos, na fidelidade única que a outros não pertence, na união do estável, no querer de um não viver sem o outro. Ele complementa a plenitude do tudo feliz! São esses sentimentos profundos que nos ajudam a viver.

PRAZER DIVERSO OU ÚNICO

Em qual finalidade o sexo deve se manter, na dos prazeres diversos ou na fidelidade do único? Há que diversificar a prática do sexo ou torná-lo único e exclusivo? Há que ter sexo com uma única pessoa ou se estender em prazeres com outras? Para ser feliz, o que é preciso fazer? Em que momento decidimos pelo único ou pelo diversificar? É possível fazer essa escolha ou não há controle?

Há que se entender o poder que o sexo exerce sobre nós. A ele tudo é possível. O erro ou a falha é questionável se ocorreu ou não, e nem se sabe se é erro. Na intensidade de sua prática, o sexo decide o caminho que quer. Se decide largar, larga. Se decide ficar, fica. Se decide mudar, muda. Se decide transferir, transfere. Se decide abandonar, abandona. Ao sexo, julgamentos e análises pouco importam. Por vezes, o racional cede ao desejo. Na sua pujança e no seu desejo, o sexo a tudo é capaz em favor dos momentos que traz; não há ordem que resista, não há regra que sobreviva. O consequente torna-se inconsequente, e o inverso ocorre também.

O sexo é bom, depende do que você quer e ao que se sujeita. Pode ser feliz em todos os instantes em que nele estiver, a dúvida pode vir depois. Pode ter prazeres intensos e neles construir sua vida se tiver a noção do que acontecerá. O ideal seria mantê-lo "sempre no amor", porque se suporta e se sustenta; mas seus privilégios nem sempre vêm com amor. Por isso, a resposta não é única, e a indefinição permanece.

O CONQUISTAR DO SEXO PROIBITIVO

Neste título, a indefinição se torna ainda maior. Em tantos tipos de conquistar, há o sexo proibitivo que não deveria ocorrer, mas por circunstâncias ocorre, no inesperado, na surpresa, no acaso. Não era para ser e é, não era para acontecer e acontece. Intenso e prazeroso, ele faz a cabeça e a alma. Por ele, corre-se o perigo do errado fazer; e se faz. Por ele, corre-se o perigo de perder algo forte; e se perde. Por ele, corre-se o perigo do trair; e se trai. Quando o sexo proibitivo não sai da cabeça e arde no corpo, dele não se sai, dele não se desvencilha e dele não se esquece; não há controle, a razão se perde, a emoção aflora. No conquistar do sexo proibitivo, conquista-se um ao outro no amor que perdura no prazo exato da paixão impregnada no corpo e na mente.

> Há que se conquistar também os sentimentos: a ternura, a amizade, o amor. São eles que nos fazem seres humanos melhores.

Nessa loucura, o conquistar do sexo proibitivo, incorreto, correto fica. No perigo, fica mais teso, tenso também. No engano, engana a si mesmo e a todos, arrisca-se naquilo que não podia, engana-se no que parecia muito e depois pouco se torna. Que conquistar é esse que de errado parece certo, que preenche quase tanto quanto o amor, ainda que não tenha o sustento e a firmeza de suas raízes, ainda que viva do disfarce que depois não perdura?

Escrevi sobre a conquista do sexo proibitivo para que se saiba do que ele é capaz. Atrevi-me a trazer alguns benefícios que ele envolve, assim você o pratica sabendo o que pode encontrar pela frente, consciente de que o instante é divino, mas há o depois. Se tem essa conquista, compete a você dizer se ele é realmente proibitivo ou não. Talvez encontro da resposta possa transformá-lo naquilo que quer.

NO PRAZER INCONTROLÁVEL HÁ O DEPOIS

Mesmo com todos esses poderes do sexo, há o depois. E aqui começam os problemas, que também são intensos. Lembrei-me dos jovens, iniciantes e intensos em tudo o que fazem. Nos desejos e prazeres, pouco lhes importa o depois. Talvez por desconhecerem-no. Inexperientes, ignoram as consequências. O mundo perdoa os irresponsáveis, os inconsequentes, jamais. É preciso cuidado. Quem sabe meus alertas ajudem. Sei que no sexo alertas se dissipam como a fumaça. Ainda assim, atrevo-me a tentar ajudar.

> O ideal seria manter o sexo "sempre no amor", mas seus privilégios nem sempre vêm com amor. Por isso, a resposta não é única, e a indefinição permanece.

O sexo é bom para o instante, bom para aquele dia, mas pode ser problemático para o amanhã... Pode haver a surpresa do não planejado, da quebra de regra, do que não devia ter ocorrido.

Os seres humanos são complexos e quando se fundem no fervor da paixão do sexo perdem o controle do cuidado e do tempo futuro. O compromissado esquece que é comprometido e coloca os compromissos no descomprometido. O que ama há tempos encontra no outro o fogo da brasa, praticando o trair que não lhe é perdoado. Depois o fogo se apaga, mas aí é tarde demais para preservar o que foi construído. O adolescente na frequência do sexo que traz o descuido compromete-se no não desejado e complica-se no que não esperava; paga um preço alto por isso.

Existem emoções que boas coisas nos trazem e perduram no sempre, outras que boas coisas nos trazem e deixam um rastro marcante. A escolha das setas indicativas para onde queremos ir é sempre nossa; a do sexo único, a do diversificado ou a do proibitivo são algumas das direções que elas apontam. Talvez a vida vá lhe indicar esses caminhos e, sem que você escolha, estará em um deles. Cuide-se!

O CONQUISTAR DOS HOMOSSEXUAIS

Se o assunto sexo é polêmico, aqui ele se torna ainda mais. Mesmo assim, me atrevo a dele falar. Propus-me no título do livro a ajudar a "construir sua vida", sem distinção a quem deve ser.

Meu princípio é único e não traz exceção: somos todos iguais. Não importa quem sejamos, ricos ou pobres, negros ou brancos, heterossexuais ou homossexuais, somos todos iguais. Não há privilégios a quem quer que seja. Ajuda e respeito, sim, privilégios, não. Temos que lutar pelo que desejamos. A cada um cabe conquistar aquilo que quer.

As conquistas não caem do céu, temos que batalhar por elas, independentemente do que somos ou quem somos. Por acaso ao rei da selva é dado o privilégio de não ter que lutar para sobreviver? Por acaso à ave é dado o privilégio de viver em sua liberdade de voar sem ter que descer para conquistar seu alimento? A necessidade de lutar para conquistar é de todos. Para héteros e homos, também. É assim que a vida se faz!

OS SENTIMENTOS DO CORAÇÃO E DA MENTE DETERMINAM NOSSO SER

Por que o termo homossexual se ao corpo lhes foi dada a condição de heterossexual? Cabem reflexões?

Seria a condição anatômica mais poderosa do que o que se passa no coração e na mente?

Teria lhes sido dada a liberdade da escolha ou lhes foi imposta a condição única, sem ter o poder de decidir em que situação gostariam de estar? O cantor Elton John declarou que, se houvesse a liberdade de escolha, haveria bem poucos homossexuais. Foi o aceitar e o desejo de ser feliz que o fizeram seguir na opção que lhe foi concedida.

Que conquista seria maior que a amizade que se realiza no estar ao lado, na alegria, no prazer, no sentir, na companhia, no amar e ser amado? Melhor essa situação ou aquela em que o hétero perde o amor, desfaz o carinho e nada lhe resta, a não ser a diferença que já não faz diferença?

Que conquista é maior: a do diferente que perde a alma ou a do igual que na alma se encontra? Que valor seria maior: o certo sem a felicidade ou o errado na felicidade completa? Dos dois, qual você escolheria? O que define certo e errado não é a rotulação, e sim os sentimentos.

Qual a melhor companhia? Aquela que dura vinte minutos ou a que persiste na convivência do dia a dia e com a qual nem se vê o tempo passar? Melhor a companhia que faz bem no papo, na conversa e no entender do que aquela que depois de poucos minutos não mais se compreende.

Ao que parece, só o conquistar desse amor pode explicar tamanha diferença e fazer entender essa desigualdade que nada tem de desigual. Só esse conquistar permite que polos iguais se atraiam na desigualdade do entendimento do mundo que os cerca.

Homo ou hétero? Ao que parece, pouco lhes importa a denominação, e sim o desejo de amar e ser amado e do querer ser feliz. É a isso que buscam!

Como hétero me encontrei e sou fiel a isso naquilo que pratico. Apenas trago o lado humano da vida de que somos todos iguais, sem preconceitos e sem descriminações. São os sentimentos e os desejos que definem a vida e o viver; são eles que preenchem as lacunas; são eles que no encontro se encontram. Para homos e héteros. Isso sim é o mais importante!

POR QUE CONQUISTAR?

Por que batalhar? Por que ir à luta? Seria pelo pecado original que temos que passar e sobreviver no tempo? Ou seria pela ignorância dos homens que construíram um mundo de batalhas e conquistas sem saber do mal que isso traz?

Por que existe o conquistar se ele tanto nos custa no sofrer e na dor? Não seria mais aconselhável viver sem tê-lo por perto? Sermos felizes sem a batalha aguerrida? Por que o competir para ter mais se o simples tão bem nos completa? Por que há de ganhar um do outro? Por que na perda do jogo de futebol a criança já chora, na queda no judô o rapaz se magoa, na perda do título a revolta acende? Que necessidade é essa de tudo conquistar?

> O mundo perdoa os irresponsáveis, mas não os inconsequentes.

POSSÍVEIS RESPOSTAS

No conquistar, nos aperfeiçoamos, nos adaptamos, nos tornamos pessoas com outros valores. No conquistar, crescemos e evoluímos. No seu aprendizado, sobrevivemos nas dificuldades que nos testam em todo o existir, preservamos a vida. Jamais sobreviveríamos se não houvesse o conquistar, o aperfeiçoamento da garra, o enfrentamento, o colocar o peito na frente e dizer: "Eu existo, eu vivo, sobreviverei às dificuldades no que der e vier".

Com o conquistar, aprendemos novos caminhos, tornamo-nos mais fortes, mais calejados, mais experientes.

Foi assim que evoluímos e chegamos até aqui. Foi o conquistar que nos fez diferentes. Em nosso DNA, ele deve existir. Com o conquistar, buscamos o possível, o difícil e até o impossível.

“São os sentimentos e desejos que definem a vida e o viver, são eles que preenchem as lacunas. Para homos e héteros. Isso sim é o mais importante.”

Conquistar qualifica o ser. Ao que parece, traz um dia a dia mais produtivo e alegre.

O CONQUISTAR DOLOROSO DA GUERRA QUE NADA CONQUISTA

Há o conquistar doloroso da guerra que, na luta intensa, passa pela mutilação dos corpos e pelo sangue derramado. Incompreensível a todos os que na ilusão dizem sim diante dos sacrifícios dos filhos, pela justificativa de defender algo, que pode ser a pátria em que vivem ou os ideais que mudam no tempo, segundo critérios mutáveis dos homens. Cabe a pergunta: quem você escolheria: os filhos ou a pátria e os ideais? Responda para si mesmo. Só lembro que na pátria os poderes se alteram e os ideais se trocam; os filhos, não.

É o conquistar da guerra que exige o sacrifício do corpo para fazer valer o ideal que se coloca acima dos homens. A guerra a isso explica. Na sua incompreensão, ela tenta justificar os ideais injustificáveis da brutalidade dos fatos.

No conquistar da guerra, justifica-se algo que queremos, pertencendo-nos ou não. No seu tamanho e valor, dá-se a vida por um ideal como se ele fosse maior do que nós; maior que a razão, que nos manda agir com cautela. Na ansiedade dessa conquista, parte-se para cima até que se obtenha o que se deseja.

Pena, os homens sempre usaram da força e do desrespeito para fazer valer seus ideais; às vezes verdadeiros, outras vezes defendidos com unhas e dentes nos interesses das unhas que se sujam e nos dentes que mordem o que não lhes pertence. Sempre foi assim; antes, no conquistar dos guerreiros que se faziam valer; agora, no conquistar daqueles que têm poder sobre os outros, na força destruidora que tudo extermina e a qual não se consegue deter.

Cabe a pergunta: no final das guerras, o que sobrou? A liberdade dos que se mutilaram? A vida dos que se foram? Os lares que foram destruídos? Os territórios que desapareceram? Os bens que se perderam? Pode ser que me engane, mas, a mim, em nada se justificam.

HUMANOS DESUMANOS

Há o conquistar desumano da destruição que pode se dar por completo. No conquistar do não se sabe o quê, vê-se a morte sendo imposta por todos os lados sem a distinção de que somos humanos. No continuar como está, tudo será arruinado. O respeito desapareceu em todos os sentidos. Cortam-se cabeças, seres humanos destroem-se na miséria, afundam-se nas embarcações da esperança, desolam-se na fome, explodem-se a si mesmos e aos que os cercam, matam-se uns aos outros como se a vida pouco valesse. Humanos desumanos. Desconhecem o conviver. Explodem-se na sobrevivência que pode ou não ocorrer. Nesse conquistar, pode haver o final dos finais. Resta o crer Naquele que virá. Mas isso também se confunde, e na descrença pouco vale que tudo ocorra na normalidade. Enquanto permanece a dúvida: é bom sermos humanos sem o "des" que acaba com tudo?

O CONQUISTAR DO SIMPLES DEVE SER O PRIMEIRO OU O ÚLTIMO?

A questão interessante de pensar é que podemos nos livrar de todos os tipos de conquistar já descritos. Existe um conquistar que pouco se faz para tê-lo. Basta considerá-lo o mais forte de todos e com ele ter o prazer de viver. É o "conquistar do simples", sem a busca exacerbada do complexo que aflige. A praia deserta, a beira do lago, o campo distante, a cidade pequena são alguns bons exemplos. Neles não se sente o agito do mundo. Nesse conquistar, pode-se ouvir o barulho do mar, ver o brilho do lago, sentir a brisa dos verdes e viver a tranquilidade da paz. Não existem as tormentas que os outros tipos de conquistar nos impõem.

“Com o conquistar, aprendemos novos caminhos, tornamo-nos mais fortes, mais calejados, mais experientes.”

No conquistar do simples, não passamos pelos desafios da concorrência, pela competição com os mais fortes, pela busca persistente que tanto incomoda.

Não foi o conquistar do simples que fez minha cabeça no início; mas desde o princípio percebi sua grandiosidade e dele jamais me desprendi. Passaram-se os anos. Depois das conquistas que fiz, vieram os desejos da praia deserta, do barulho do mar, da beira do lago, dos verdes dos campos, da tranquilidade da paz. Cabe a pergunta: por que não busquei esse atalho diretamente sem ter que passar pelos outros tipos de conquistar mais difíceis?

Talvez na primeira escolha que fiz estivesse a resposta. É na diversidade da vida que se faz a escolha. É na escolha que se faz a diversidade da vida. Por isso, a vida é tão atraente, tão surpreendente no que oferece. Na sua diversidade, vivem-se mundos diferentes que trazem diferentes mundos. Nas escolhas há que se sentir bem. É o que parece importar: estar feliz no que se escolhe para viver. Antes a escolha foi uma, depois veio a outra.

Permanece a questão: o conquistar do simples deve ser o primeiro ou o último? Sua resposta pode mudar a sua vida!

GERAR EMPREGOS E CONQUISTAR CLIENTES

Minhas duas maiores conquistas profissionais não são de tantos. Talvez por isso eu as justifique mais como bênçãos de Deus e menos como conquistas do homem que sou.

A primeira grande conquista foi que gerei empregos às pessoas, dei condições a elas de formarem famílias e criarem seus filhos. Vieram aos milhares, mais que os da GM Brasil. A segunda grande conquista foi cativar os clientes, milhões deles – 200 milhões é o número que passa por nossas lojas por ano. Desconheço empresa genuinamente brasileira pela qual passem tantos clientes. Conquistamos um a um. Não caíram do céu, nem tampouco vieram do além. No que oferecemos, escolheram vir até nós, perceberam nossas verdades, nosso carinho, nossa dedicação. Ano a ano, multiplicaram-se. Um a um, uniram-se, juntaram-se e formaram filas, como se de mãos dadas estivessem numa corrente longa que se estendeu. Nossa querida artista plástica Suzana Garcia conseguiu captar isso e o demonstrou na obra de arte deste verbo.

A exceção à regra se fez no "oferecer mais pelo menos", com o zero à esquerda da vírgula, que, na sua infinidade do nada, infinito se tornou. De um único zero à esquerda vieram muitos à direita. Quebrou-se a regra universal de que oferecer mais passa pelo cobrar mais e que cobrar menos passa pelo oferecer menos – viabilizou-se o "oferecer mais pelo menos".

> No conquistar das coisas simples, não se passa pelos desafios da concorrência, pela competição com os mais fortes, pela busca persistente que tanto incomoda.

Nessa quebra de regra veio o conquistar do próximo, que ficou mais próximo na diversidade e na frequência. Primeiro os jovens, depois os adultos, depois as crianças. Na família, todos se encontraram como se fossem amigos de um único lugar, que se multiplicaram de Norte a Sul, de Leste a Oeste, onde tinha mais e onde tinha menos, sem com isso se importar. A essas pessoas ofereceu-se a diversidade que a todos convem nos sabores diversos de muitas raças, que se misturam como se única fosse.

A marca se consolidou pensando o que oferecer: sabor, qualidade, variedade, mas também no zero, que sobreviveu combatendo o inimigo maior do aumento de preço, que sobe galopando todos os dias e engana a todos, menos a nós. Conseguimos freá-lo em todos esses 25 anos. Sobreviveu o zero à esquerda, restou o preço menor que todos os outros.

Foi assim que tudo ocorreu. De mãos dadas, nossos clientes foram se unindo, crescendo e dando a dimensão do que somos.

Na liberdade de decidir aonde ir, milhões escolheram vir até nós e se fidelizaram todos esses anos. Descobriram o que somos.

Que conquistar é maior do que conquistar as pessoas, servindo-as e empregando-as? É o lado poético que nossa empresa contém. Louvo a Deus por isso. Tirou-me da nobreza da medicina de servir as pessoas curando-as para servir as pessoas alimentando-as; não algumas, mas centenas de milhões. Aceitei a vida como ela se apresentou e nos verbos a construí. É o que continuo a fazer. Espero que eles também sirvam a você.

HABIB'S
2020
E o
PRÊMIO
VAI PARA...
RES S LOJAS
TRABAL HAR
O BRASIL
ENTES, CONSEGUIMOS EQUIPE S EXCELENTES
DR. ALBERTO SARAIVA
ILIDADE. CAMARADAGEM. IMPARCIALIDAD RESPEITO.
HORES LOJAS TEM TUDO ISSO E MUITO MA

VENCER

◀

O fundo da obra remete a um tapete vermelho – símbolo de valorização e reconhecimento. Sobre ele figuram o preto e o branco, que remetem aos trajes de gala das premiações. Diretamente das páginas de reportagens sobre premiações, foram construídos os símbolos de reconhecimento e liderança, como troféus, medalhas e o número 1, em relevo. A estrela prateada, que saiu de um troféu motivacional interno, demonstra a preocupação da rede em reconhecer, de maneira constante, seus funcionários e talentos internos. A frase "We are the champions" *("Nós somos os campeões") demonstra o clima interno de vitória e orgulho.*

DESEJO DE VENCER

Há muitas formas de se motivar na vida; o desejo de vencer é uma delas. É nesse desejo que nos modificamos e nos tornamos melhores. O desejo de vencer surge naquilo que se quer – a conquista da glória, do cargo sonhado, do troféu desejado, do pódio de poucos ou também a derrota do ódio, o eliminar da tristeza, o estar com quem se ama. No desejo de vencer, levantamo-nos, animamo-nos e tornamo-nos mais fortes. Suas recompensas fazem-nos bem.

Que desejo você carrega: o de estar satisfeito ou de buscar melhorar para o futuro? O desejo de usufruir o que já possui ou aquilo com que ainda sonha? Se você carrega os segundos desejos, primeiro será entre muitos. Prepare-se para celebrar as vitórias: elas farão parte de seu portfólio. Sairá vencedor! Está entre os que buscam e procuram, entre os que caminham sem se importar com a distância, entre os que persistem diante das dificuldades e sonham com o futuro.

Aos que desejam vencer é dado o privilégio de ter os problemas maiores, de ter tudo a resolver. Aos que pouco querem, nada é apresentado. Por não serem capazes, permanecem no limbo do pouco saber. Aos que desejam vencer, vem o aprendizado do

> Aos que desejam vencer é dado o privilégio de ter os problemas maiores, de ter tudo a resolver. Aos que pouco querem, nada lhes é apresentado.

"Aos principiantes que desejam vencer, cabe-lhes passar pelas dificuldades do início. É com elas que aprendem as melhores lições, evoluem e chegam aos primeiros lugares."

fazer que não se apresenta aos outros, quietos no seu existir. É nessas diferenças que as vitórias escolhem a quem pertencer!

Aos que desejam vencer, os erros se transformam em acertos, os malefícios em benefícios, as pequenezas em grandezas. As derrotas dão lugar às vitórias. Há aprendizado nos erros e nas derrotas. Não existe regra de que o aprendizado ocorre somente com o que é certo. Ao certo pouco cabe aprender, a não ser a repetição, mãe da perfeição.

Aos que desejam vencer, não importa se os desafios são maiores ou menores. A missão é vencê-los. Ao cumprir os desafios, torcem para que outros surjam. Não estar diante deles seria um desastre porque nada teriam a fazer, nada teriam de superar para vencer. Nosso verbo é vencer, e não pouco fazer.

Aos iniciantes que desejam vencer, cabe-lhes passar pelas dificuldades do início. É com elas que aprendem as melhores lições, evoluem e chegam aos primeiros lugares. Na resolução dos problemas, o iniciante destaca-se e surpreende a todos. Afinal, que vitória é maior: a do iniciante que consegue uma boa resolução ou a do maduro que já sabe do que é capaz? Que vitória é maior: a do bebê que diz a primeira palavra ou a do garoto maior que se comunica na fala?

Ao que parece, o sabor é mais gostoso nas vitórias do começo. Por isso, não há que se temer o início, o novo, o que vier primeiro. Há que experimentá-los. Do primeiro passo vêm os demais. Do degrau inicial, sobe-se às alturas. A lei da vida já diz como há de ser o início: não há que temê-lo. Se você está começando, anime-se!

Felizes os iniciantes porque aproveitam o ensino logo no começo, quando não há competição. Valorizam-se no pouco que sabem, tiram proveito dos primeiros passos, não se reprimem no desconhecimento inicial. É dessa forma que aprendem, crescem, destacam-se e tornam-se os primeiros lugares futuros.

OTIMISMO E CRENÇA AJUDAM A VENCER

Otimismo e crença brotam nos corações dos que desejam vencer, porque creem em si próprios e naquilo que fazem. Dizem: "Vou conseguir", e conseguem. Pensam: "Vou chegar lá", e chegam. Refletem: "Não vou desistir", e perseveram no prazo exato da conquista. É o desejo de vencer que faz crescer a moral do "eu posso", do "eu sou", que forma a personalidade do "sou capaz", do "vou conseguir", do "tudo é possível". Anime-se!

Quando você quer vencer, pouco importa sua origem e de onde você veio. Se da roça ou da cidade, se do interior ou da capital, se da pobreza ou da riqueza, se do colégio público ou do particular. Não é isso que atrapalha aquilo que busca. O que importa é você ter o desejo de vencer, o poder que tudo move e tudo faz.

É no desejo de vencer que você se transforma, ganha força, acorda mais cedo, levanta na queda, trabalha mais horas por dia, aprende o básico, evolui no complexo. É na ideia de vencer que você cria diferenciais que abrangem o querer de tudo conseguir. Anime-se!

Aos que desejam vencer é dado o privilégio de um futuro promissor. Das funções mais simples, evoluem para as de maior visibilidade. Qual presidente tem mais valor: o que veio de baixo e teve que subir os degraus ou aquele que caiu de paraquedas sem nada ter feito? A qual dos dois é dado o pódio que marca para sempre a história da empresa?

ENCURTE CAMINHOS, SIRVA O REI

Agora um conselho: se quiser um cargo maior, sirva o rei, sirva aquele que detém o poder. Isso pode colocá-lo em primeiro lugar. Servir o rei encurta caminhos. A ele é dado o poder de fazer vencer aquele que o serve. A ele é dado o privilégio de escolher a quem entregar o mérito da medalha e do cargo. A ele compete o muito, e não o pouco. Próximo a ele é mais fácil conquistar o cargo maior. Mais indicado, então, é estar ao lado do rei. Aquele que trabalha junto a quem tem o poder, e a que tudo comanda, vence mais rápido. Basta destacar-se naquilo que faz. Aprimore-se e faça o melhor para conseguir servir o rei.

Observe que não são muitas pessoas que concorrem a cargos maiores. Na maioria das empresas não há mais que dois ou três diretores que concorrem ao cargo máximo, que almejam a presidência. Não são cem pessoas, mas duas ou três. É com elas que a disputa começa. A competição ao cargo maior parece ser das maiores, mas é das menores. Poucos têm essa consciência; e os que a têm perdem-se no tempo. Por acharem esse tempo pequeno e rápido demais, desistem, não almejam nem pensam em cargos maiores.

> Agora um conselho: se quiser um cargo maior, sirva o rei, sirva aquele que detém o poder. Isso pode colocá-lo em primeiro lugar.

Há as dores dos sacrifícios aos que desejam ocupar esse cargo. As dores do acordar cedo, do ter mais horas de trabalho, da procura constante, do ter que conseguir. Mas não são dores tão sofridas, são suportáveis e responsáveis pelas vitórias. São como as dores do caminhar que trazem a plena saúde ou como as dores das horas de voo que o levam aos lugares dos sonhos.

Felizes os que pensam, esforçam-se e querem ocupar o cargo maior, porque têm acesso àquilo que não lhes seria permitido e tampouco lhes pertenceria; mas que, no decorrer do tempo, alcançam com mérito. Dá mais prazer a luta pelo cargo maior porque a ele são dadas as graças da comemoração e da celebração que tanto gostamos de fazer. Há incômodos terríveis de estarmos entre os últimos. Desvalorizamo-nos e deixamos de ser o que somos. Cai o "eu posso", o "eu sou", o "eu faço". É bom estarmos entre os primeiros. Anime-se!

PRIVILEGIADOS SÃO OS VENCEDORES

Há que se vencer para conquistar a admiração e o reconhecimento de todos. Há que se vencer para conquistar a amizade de todos que com você convivem e trabalham. Há que se vencer para conquistar a consideração da companheira que acredita em você, vive com você. Há que se vencer para conquistar a admiração dos filhos, que o seguem naquilo que faz. Para eles, você pode ser o super-homem de capa vermelha que se desfaz no crescer da idade, ou o super-homem que se torna o super-herói eterno por causa do exemplo que dá.

Privilegiados são os vencedores. A eles são dados os poderes da admiração, do respeito, do reconhecimento; a eles é dado o privilégio de ter amigos íntimos, pessoais e profissionais.

O antigo *office boy* tornou-se presidente; o carregador de tacos tornou-se campeão do PGA (Professional Golfers' Association); o catador de bolas venceu o torneio Master; o faxineiro construiu a empresa de serviços; o motorista tornou-se o dono da frota. Que poder têm essas pessoas que conseguem o milagre do pouco se transformar em muito? Por que haveriam de progredir mais que aqueles a quem serviram no início? O que lhes foi dado a mais do que o compromisso e a obrigação do fazer?

A resposta é que essas pessoas carregam dentro de si o desejo de vencer, são aficionadas ao primeiro lugar, desejam o cargo maior. Não lhes importa a função inicial que exerciam ou de onde vieram. Comportam-se como a semente, que fica à espera de uma oportunidade para germinar e multiplicar-se, que aproveita o melhor da terra para crescer, que suga as gotas que lhes caem sobre o corpo, que cresce e ganha resistência para enfrentar os ventos uivantes. Assim como a semente, essas pessoas aguardam o momento de se mostrarem, crescerem, vencerem e aproveitarem a oportunidade de conquistar o cargo maior. O milagre do crescer da semente é nosso também. Afinal, temos mais poderes que as sementes. Anime-se!

Há que se vencer para conquistar a admiração e o reconhecimento de todos.

AO LÍDER, A PALAVRA

Se quer ser líder e conquistar o cargo maior, é preciso fazer uso da palavra. A ela é dado o poder do mover. Qual discurso você tem? O insosso que pouco se ouve ou o animado que a todos desperta e a ele se prendem? Você levanta seus ouvintes com a motivação da sua palavra ou os faz piscarem no incômodo do não convencer? Por acaso, a motivação está no tom da voz vitoriosa ou no tom monótono do conhecimento que nem se nota existir? Por acaso a liderança se fixa naquele que pouco fala ou no que convence a todos com o seu conteúdo? Se quer o cargo maior, pense nisso em sua próxima fala.

Ao líder que busca o cargo maior, é preciso entoar a voz que desperta, convence, motiva, estremece. Ao líder, cabe a palavra de transformar e mover as pessoas, transferir conhecimento, ensinar o que quer e convencer a todos do que é preciso. É assim que deve se expressar.

Mas é preciso cuidado na liderança das lutas. Que batalha tem mais méritos: a que pouco estrago faz ou aquela que a tudo destrói e nada sobra? Que vitória é melhor: a conquistada na compreensão da disputa, que vem com amor e carinho, ou a conquistada sem diálogo, que vem com o rancor e a raiva? Você pode conseguir as duas; nas primeiras, sofre menos e tem mais fôlego para prosseguir; nas segundas, destrói partes de você e do seu cargo que demoram a ser reconstruídas. Ao líder compete as primeiras opções. Já me enganei em algumas batalhas, depois aprendi.

MINHA LIDERANÇA, MEUS PRIMEIROS LUGARES

De que teria valido minha trajetória comercial de 25 anos sem os conceitos desse verbo vencer e se neles não me encontrasse nem sobre eles pensasse? Quais armas eu teria no desbravar do caminho que estava à disposição de todos e poucos seguiram? Que final eu teria nos confrontos com aqueles que eram muito maiores? Como sairia do ponto inicial em que tudo começou e se fez?

No desejo de vencer, liderei a conquista do maior número de clientes atendidos entre todos os concorrentes; no querer trabalhar, conquistamos o maior número de vendas de um único produto; no esforço dobrado, nos tornamos a empresa número um genuinamente brasileira; no sonho do cargo maior, conseguimos ser o maior *fast-food* árabe do mundo.

Escrevi tudo isso para que entenda os poderes do verbo vencer, para que aprenda a importância do crer, do sonhar, do persistir, do motivar, do ir em frente, e assim saiba que, mesmo na simplicidade da sua origem, é possível vencer.

Se você estiver convencido, e é isso que busca, coloque esse verbo entre os seus preferidos. Seus desejos e sonhos se realizarão ou estarão mais próximos de você. Na proximidade, seus passos não se cansarão e a tudo você encontrará. O desejo de vencer pode ajudá-lo você a construir a sua vida.

FELICIDAD
É ALGO QUE
SE COMPARTILHA
COM AMIGOS.
Alberto Saraiva
Just
and sorrow
Smile

SORRIR

◀

Ao abordar o tema sorrir, a artista plástica foge do lugar-comum. Em vez de retratar, simplesmente, os sorrisos, destaca, em tons de cinza, o brilho do olhar de diversos colaboradores da rede, a fim de demonstrar a felicidade das pessoas que nela trabalham. O recorte colorido dos olhos de Alberto e um convite assinado por ele dizendo "Felicidade é algo que se compartilha com amigos" demonstram a visão que valoriza a alegria e a felicidade como atributos da empresa. Ao destacar, nos traços e na escrita, uma forma de encarar a vida, a artista também faz referências ao grande mestre da alegria, Charles Chaplin, que fez do sorriso a sua arte, e nos premia com trechos de sua canção "Smile": "Sorria, mesmo que seu coração esteja doendo / Sorria, mesmo que seu coração esteja partido / Quando há nuvens no céu / Você conseguirá".

MELHOR SER FELIZ E SORRIR!

Quais prazeres são mais caros à alma do que sorrir? Poucos. À alma interessa o sorrir. Ela sobrevive nisso, na alegria dos lábios e no brilho dos olhos! Sorrir traz felicidade. Pessoas felizes vivem mais, têm amigos, se dão bem com os filhos, prosperam nos negócios. O otimismo também impera, os bons fluidos se espalham, tudo anda com fluidez. Pessoas felizes ganham mais, têm oportunidades a todo tempo, resolvem mais facilmente os problemas. Pessoas felizes se adaptam às circunstâncias, sentem-se bem, não se amarguram no pouco. Melhor ser feliz e sorrir!

Podemos sorrir do bom e do ruim, se ele pouco mal nos faz. Sorrir do mais e do menos, se for possível suportá-lo. Sorrir da alegria e da tristeza, se ela pouco puder abalar. Sorrir do que se ganha e do que se perde, se pouco sua falta fizer. Sorrir da piada alegre e da sem graça, se ela tenta agradar. Não há que se entristecer do pouco que se perde, se ele de nada vale e não faz falta. Nas pequenas perdas que ocorrem faz bem sorrir e agradecer. Com o sorrir, as perdas grandes se afastam e as pequenas pouco alteram. Na força da vida, há que se viver o presente e com ele sorrir. O passado não volta, mas o futuro está por vir. Melhor ser feliz e sorrir!

> Sorrir traz felicidade. Pessoas felizes vivem mais, têm amigos, se dão bem com os filhos, prosperam nos negócios.

Podemos sorrir de tudo, até do adeus daquele que nos abandonou, deixando-nos

"Quais prazeres são mais caros à alma do que sorrir? Poucos. À alma interessa sorrir. Ela sobrevive na alegria dos lábios e no brilho dos olhos!"

para trás, sem amor e respeito? De que vale a permanência se só tristeza nos traz? De que vale a permanência se nos oprime naquilo que somos? De que vale a permanência se nos faz sofrer e só nos traz amarguras? Melhor sorrir desse adeus, se o outro de nada valia.

No adeus, qual saudade é maior: aquela com que você sonhava ou a que trouxe o pesadelo dos maus-tratos e da ignorância? Qual saudade é maior: aquela que você sente ao lembrar o passado ou a do sofrer que agora ficou? Por acaso a saudade é capaz de trazer o passado de volta e alterar o presente?

O merecimento é dos que querem e por ele lutam. É dos que sorriem uns para os outros. É dos que se amam reciprocamente e convergem no amor mútuo que tão bem aproveitam. É daqueles que se respeitam, que falam a língua do amor e nela se encontram na paz espiritual dos dias que vivem. Melhor ser feliz e sorrir!

> Na força da vida, há que se viver o presente e com ele sorrir. O passado não volta, mas o futuro está por vir. Melhor ser feliz e sorrir!

Pode-se sorrir até com a lembrança daquele que aqui esteve e se foi, se ele viveu seu tempo correto e aqui foi feliz com ele mesmo e com quem conviveu. Na crença do descanso eterno é possível sorrir, não nos lábios, mas no conforto da alma que crê no sobreviver e não se amargura.

E, se seu íntimo não estiver a fim de sorrir, ligue para aquele que está sempre a sorrir. Há muitos. Ele mudará seu querer. O sorrir é contagiante, a transmissão é simultânea. O sorrir pega fácil, basta tê-lo por perto. Se ouvir um riso, rirá; se ouvir uma gargalhada, gargalhará. Felizes aqueles que têm amigos felizes. A eles é dado o poder da companhia; estão sempre dispostos a sorrir e aumentar o querer. Melhor ser feliz e sorrir!

E, mesmo que a preocupação o abalar, abra o sorrir dos músculos, ainda que não seja o da alma. Do primeiro, vem o segundo.

Por vezes, é preciso apenas o *start* para o sorrir se instalar. Depois você esquece a preocupação e vê que o problema é menor. No sorrir é possível sacar aquilo que o incomoda. Afinal, qual medida de ação é mais eficiente: a do sorrir ou a do aborrecer? Qual das duas o inspira a resolver: a do pensar otimista ou a do preocupar pessimista? Nas respostas, você conclui: melhor ser feliz e sorrir!

Aos que sorriem é dado o poder de aglomerar as pessoas, de conquistar mais do que deviam, de ter a fartura dos sentimentos alheios. Dos que não sorriem, as boas energias se afastam e as más se aglutinam ao redor deles. Aos que pouco sorriem é dado o poder da solidão, do sofrer sem compartilhar, do pouco que está sempre presente. Não é essa contaminação que você busca. Melhor sorrir e ser feliz!

O sorrir faz bem até para aqueles que padecem. Ao ver os palhaços sorrirem na frente da cama, as crianças se animam e, com isso, vêm a resistência e a cura. Comprovado: na afetividade do sorrir surge nova esperança. Bons resultados vêm com o sorrir. São os "Doutores da Alegria" que fazem sorrir àqueles que precisam. Até no prolongamento da vida, o sorrir faz bem!

O sorrir alegra os sentimentos, desfaz as amarguras, elimina as angústias. Com o sorrir, o pessimismo se afasta, como o negativo do positivo. Com o sorrir, a descrença desaparece na fé de que tudo vai dar certo. Com o sorrir, o otimismo prepondera em todo o pensar. Com o sorrir, a alegria deixa a tristeza no trem que se atrasa e não vem. Melhor ser feliz e sorrir!

Que sorrir é maior do que o da noiva ao subir no altar? Que sorrir é maior que o da criança quando ganha aquilo que quer? Que sorrir é maior que o do amigo do peito que não se via há tempo? Em tudo que é bom, o sorrir está sempre presente. Nele, encontramos a alegria que eleva o espírito, a felicidade que brilha nos olhos; daí o porquê de nossa obra de arte. Melhor ser feliz e sorrir!

DEVEMOS NOS POLICIAR PARA SERMOS FELIZES

Não queremos ser iguais aos que não formam amigos e pouco aglutinam, aos que incomodam os outros com os lamentos do dia a dia. Com esses, em momento algum se quer estar, nem mesmo nas festas que contêm o alegre e não se quer estragar.

Devemos nos policiar para sermos felizes. Conscientizar-nos de que o negativo predomina sobre o positivo quando nos descuidamos. No inconsciente, predomina a lembrança da dor em vez da alegria; predomina o fato de querer esquecer as vitórias que já foram esquecidas, como se não tivessem existido.

Devemos nos policiar para sermos felizes. O negativo derruba com um único fato todos os outros que bem fizeram. É incrível, mas em nossas lembranças predomina o mal que se deu, e não o bom que se repetiu numa frequência maior. O negativo se fixa nos olhos dos que choram com ódio, nas palavras que contaminam e a todos desagradam. Não podemos nos contaminar. Devemos apagar os negativos com o sorrir, recordarmos do bom e do bem que fazem os olhos brilharem em lágrimas de prazer, e não de sofrer, buscarmos as gargalhadas que libertam e nos deixam felizes. Só no sorrir isso é possível.

Devemos nos policiar para sermos felizes. Lamentações pertencem aos pecadores que tentam encontrar o perdão. Lamentações pertencem aos que buscam a salvação da alma que já se deu por perdida. Lamentações pertencem aos que se desgraçam no encontro daquilo que não queriam e veio. Lamentações não nos pertencem: que fiquem aos que se prejudicam na vida por não saberem o poder do sorrir.

No olhar do sorrir, vê-se o encontro daquilo que se quer; no olhar do lamento, vê-se o negativo que resiste. Até no amor, ama-se mais aquele que sorri. Suas mãos têm carinho, seus beijos são gostosos, seus abraços são calorosos. Por acaso, isso pertence aos apaixonados que vivem no sorrir do amor ou aos que se lamentam na angústia do sofrimento?

CUIDADO COM AQUILO QUE DIZ, SE BONS AMIGOS QUER TER

Que amigo você prefere: o que carrega o sorriso nos dentes, o brilho nos olhos, os músculos abertos ou aquele que chora de tristeza da falta? Que amigo prefere: o que vem com um sorriso alegre e compartilha com você a palavra do agrado e o toque do abraço ou aquele que nas lamentações se encontra, que só comunica a tristeza, como se aquilo estivesse lhe sobrando? Cuidado com aquilo que diz, se bons amigos quer ter.

No sorrir, você ganha o próximo, aquele que não o conhece, o que pouco ficou com você. No sorrir, preserva aquele que o vê sempre e tem prazer de conviver com você. No sorrir, os amigos se fazem e se formam. É no sorrir que se diferenciam. Aos que não têm o sorrir, é preferível não vê-lo para não ter de lembrar-se de suas angústias. Deles devemos nos afastar por expressarem o sintoma da solidão, o choro triste dos olhos, a palavra que não conforta. Aos que não têm o sorrir, não lhes cabe o amigo do peito; cabe o amigo esporádico que no tempo se esvai.

> Com o sorrir, a descrença desaparece na fé de que tudo vai dar certo.

É bom desfrutarmos a conversa que traz a conquista, que comenta o agradável de ontem e de hoje, que desperta o sorrir daqueles que ao seu lado estão e você não quer que se afastem. É assim que ganhamos os amigos. Cuide, então, daquilo que diz e do que carrega no rosto.

É preciso que você entenda o poder do sorrir entre amigos. Ele traz felicidade a todos. Coloca-nos no céu, ainda que aqui estejamos. Suaviza o cotidiano, alegra o espírito, traz paz à alma, faz bem a todos os que nesse espírito convivem. No sorrir, os amigos se fazem, tornam-se um só; ligam-se, não se separam. Amigos do sorrir são amigos do peito, amigos para sempre.

O MAIOR DE TODOS – APENAS COM GESTOS

Quem se esquece daquele que fez o mundo sorrir sem dizer uma única palavra? Quem se esquece daquele que no andar conquistou a todos há dezenas de anos? Quem se esquece daquele que no modo de viver e na simplicidade mostrou que somos todos iguais? Quem se esquece daquele que nos pequenos erros fez a todos sorrir? Quem se esquece daquele que na beleza do feio tornou-se lindo, lembrado para sempre?

Que dom maior teria ele senão o de nos fazer sorrir? Que dom maior teria ele senão o de nos ensinar que a felicidade está sempre por perto, e conquistá-la é um ato dos mais simples?

A ele coube nos ensinar o humor que evoluiu na graça dos gestos, depois falado e cantado. Veja os olhos de todos na obra de arte desse verbo e descubra quantos estão a sorrir. Eles mostram não o sorriso dos lábios, mas o da alma, que se expressa no brilho dos olhos, a exemplo daquele que foi o maior no sorrir. Obrigado, Carlitos!

O SORRISO DO GÊNIO

O nome escolhido tem procedência árabe: Habib's. A tradução para o português é "amigo querido". A aparência, o jeito e os trajes são de um gênio. Com dentes enormes e o sorriso aberto, parece dizer a todos: "Diga, meu amo, quais são seus desejos e eu os realizarei" ou, em outra versão: "Diga, meu amigo, o que você deseja comer e eu o servirei". Atender às pessoas sorrindo faz parte da história dele – e da minha também! Confundem-se, são uma só.

Desde o início, o sorriso do gênio inspirou os que com ele trabalhavam a viver felizes e a praticar o riso naquilo que faziam. Logo na primeira loja, o totem estampado com o gênio saindo da lâmpada mágica subiu aos céus para anunciar o início de uma história que não se sabia como seria, mas que prometia ser longa.

“Que futuro parece mais promissor: o daquele que sorri e vive feliz ou o daquele que se lamenta e, como a esponja, absorve os males do mundo?”

Sorrindo, o gênio comia o quibe, bebia o suco e convidava todos a visitá-lo em sua primeira loja, na rua Cerro Corá, na Lapa, em São Paulo. Os primeiros clientes, curiosos, entravam e queriam saber o que era ali servido. Sorriam ao ver o cardápio. Havia muitos produtos, alguns desconhecidos. Um deles se tornaria o mais vendido. Sobre o preço, alguns clientes diziam: "Como pode? Isso é coisa de gênio". No início, centenas de pessoas foram àquela pequena loja; depois, centenas de milhões às outras que surgiram. Anos mais tarde, os totens com o rosto do gênio estampado se disseminariam de Norte a Sul, de Leste a Oeste, por todo o país.

Os números se multiplicaram, e, em tudo, o sorriso do gênio estava presente. O sorriso do atender, do servir, do prestar, do sermos iguais, do oferecer mais e cobrar menos, do muito servir e pouco exigir. Socializou-se o sorrir entre todas as classes, entre todas as idades. A todos foi permitido frequentar as lojas. O pequeno restaurante virou o maior árabe do mundo! O sorriso do gênio se fez.

> Devemos nos policiar para sermos felizes.

Nada mais inspirador do que ter criado uma empresa que nasceu com um gênio sorrindo, cujo nome traduz o que há de melhor: amigo. Quando o vi pela primeira vez, encantou-me. Primeiro, encontrei-o desenhado na prancha. Depois subindo no totem, ao céu.

No sorriso dele, inspirei-me. Levei seu sorriso para todos os lados: às mesas, aos balcões, aos brinquedos, ao salão, à cozinha, a todos os que me cercavam. Onde eu estivesse, carregava o que eu havia adotado: estar sempre a sorrir.

A COINCIDÊNCIA DAS DATAS

Retornemos ao ano de 1988 – para mim, um dos mais importantes. Em junho de 1988, completei 35 anos. Em agosto, inaugurei a loja que se multiplicaria em outras. Em novembro, casei-me com aquela que me faria feliz. Três datas significativas no mesmo ano. Em 2013, exatos 25 anos depois, vieram as coincidências de datas e as comemorações.

A primeira foi a dos meus 60 anos. Veio com muita alegria. No convite, a frase estampada: "Felicidade é algo que se compartilha com amigos". Foi o que fiz – eram seiscentos, todos sorrindo. Ao som daquele que se tornou afilhado, o embalo foi até o final da madrugada. O champanhe do monge beneditino francês rolou solto. A vida me brindou com bênçãos. Havia que comemorar. A filha menor com 10 anos fez a letra exclusiva da música, cheia de elogios de amor e, na cadeira de balanço, a doze metros de altura, emocionou-me e me fez chorar de alegria quando cantou o refrão: "Esse cara é você". O sorriso se apoderou de minha alma. Meus olhos brilhavam mais que meus lábios. A festa foi linda.

Que futuro parece mais promissor: o daquele que sorri e vive feliz ou o daquele que se lamenta e, como a esponja, absorve os males do mundo?

A segunda comemoração em 2013 foi a de 25 anos da rede que se multiplicou de uma forma que eu nunca poderia ter imaginado no início. Havia que comemorar com aqueles que tudo fizeram, que se dedicaram no esforço de construir sua vida e a da empresa. Eram muitos. Eu havia que comemorar com o maior número de amigos possível. Confirmou-se a frase que carrego: "Tudo é possível". E foi.

Com a colaboração de patrocinadores que cresceram conosco, 4.200 colaboradores e amigos da empresa se encontraram e, por quatro dias consecutivos, estiveram juntos num único local: navio *Preciosa*, um dos mais luxuosos do mundo, exclusivo para nós. Dois shows: o do afilhado e o do cantor que com uma única música se consagrou em todos os países do mundo. Famílias reunidas por toda a parte – todos felizes, todos sorrindo.

No palco, instalado no convés do navio, fiz o discurso motivacional e usei as palavras de líder. Emocionei-me ao ver, lá de cima, o navio abarrotado de amigos com a camisa da empresa. Ao meu grito de guerra, o nome Habib's ecoou pelos ares enquanto aviões soltavam fumaça e passavam por cima de nós. Meus olhos se encheram de lágrimas. O sorrir, novamente, apoderou-se de minha alma e veio aos meus olhos.

A terceira comemoração em 2013 foi a dos meus 25 anos de casamento – bodas de prata. Ocorreu no mesmo navio. No altar, o pastor querido que nos unira 25 anos atrás suplicava e recordava as bênçãos de Deus que haviam dado certo. Ao som da música que havia marcado nosso noivado, meu filho mais novo, de 5 anos, trouxe a aliança que perpetuará o nosso amor. No altar, todos os filhos presentes testemunhavam nossa união. Os amigos também. Emocionei-me. O sorriso se fez presente nos olhos de todos, e novamente nos meus.

No pouco e no muito, no tempo do que virá, no sempre que pudermos, há que se comemorar e sorrir. O *slogan* aqui serve: "Sorria, você está sendo filmado pela vida". Escrevi várias vezes a mesma frase: "Melhor ser feliz e sorrir!". Adote-a. Ela me ajudou a construir a minha vida. Pode ajudar a sua também.

Cari Amici,
desidero condividere
que è nato
il mio
Ragazzo
REPUBBLICA ITALIANA
MINISTERO PER I BENI CULTURALI E AMBIENTALI
BIGLIETTO D'INGRESSO
LIRE 12.000
N 869174

SUPERAR

◂

*A artista plástica remete à reflexão da superação quando há a criação de algo novo, já que nem sempre as coisas são fáceis no início da criação. A obra é destinada ao personagem mais novo da empresa: Ragazzo, o fast-food de comida italiana. A artista recorre a signos que remetem aos grandes mestres italianos e ao período da Renascença, época em que as criações nasciam de incansáveis estudos para o aperfeiçoamento de fórmulas e o desenvolvimento de cânones. O sucesso era, finalmente, obtido depois de várias tentativas, e o resultado foram os traços tão característicos que se tornavam a "assinatura" dos criadores, como os olhos nas pinturas de Leonardo da Vinci ou os pés em Botticelli. A comunicação é feita aqui seguindo os padrões da época para informações importantes: manuscrita a bico de pena sobre um pedaço de pergaminho verdadeiro, no qual o lacre de cera confirma sua nobreza e sua autenticidade. No texto, o anúncio: "*Cari amici, desidero condividere que è nato il mio Ragazzo*", ou "Caros amigos, desejo compartilhar o nascimento do meu Garoto". O logo do Ragazzo está presente, assim como o bilhete de ingresso "original" da* Galleria degli Uffizi*, em Florença, berço da arte ocidental, atual museu e antigo anexo à residência da família Médici, de onde surgiram as mais espetaculares criações.*

HÁ PERDAS. É PRECISO SUPERÁ-LAS

O verbo superar não é aquele que desejamos, muito menos amamos. Por ele, poucos querem passar. O que o antecede costuma envolver a dura dor da perda ou do não conseguir. O que o antecede nos abala, traumatiza, faz recuar, repensar, corrigir trajetos. O que o antecede nos coloca em situações incômodas que não nos convêm, nos faz passar por dificuldades maiores.

O superar vem no pós-trauma, no pós-perda, no pós-dificuldade, naquilo que não se previa e aconteceu. Por vezes, o fato vem sem aviso, apresenta-se e pronto. Quando nos damos conta dele, já está instalado. De repente, tem-se pela frente algo inesperado, inevitável, às vezes irrecuperável e dolorido demais. Grandes perdas ocorrem, perdem-se os pontos conquistados. E ninguém está preparado para isso. Restam, então, duas coisas a fazer: se entregar ou se superar. É do superar que vamos falar.

Não é tão incomum o destino trazer testes duros e contundentes, que mais parecem pesadelos. São as incongruências que surgem durante nossa estada aqui. Ao atleta veloz, tira-lhe o andar no acidente de carro; ao mergulhador profissional, dá-lhe os danos consequentes da falta de ar; ao traficante, mancha-lhe o sangue no vício que traz a desgraça; ao pastor, dá-lhe a desarmonia do filho rebelde.

> O superar é lento no tempo, confuso na execução, arrastado na velocidade, dolorido no esquecimento.

“Quer superar o trabalho que não é reconhecido? Tem que entender aquilo que faz e como age.”

O superar é lento no tempo, confuso na execução, arrastado na velocidade, dolorido no esquecimento.

HÁ QUE BUSCAR FORÇA PARA SE SUPERAR

É sempre complicado se superar. As dificuldades se somam umas às outras e nos impõem respeito, os problemas são enormes e parecem irresolvíveis, os valores são insuficientes para fazer mover o que deve se movimentar.

Muitos se recompõem e ficam ainda mais fortes. Ainda que ocorram perdas maiores, se superam. A eles é dado o poder de criar uma força interna que brota de um sentimento maior, de dentro do peito, do poder da cabeça, do envolvimento da alma. Assim, se superam e glorificam nos exemplos que dão. Não é tão fácil, mas é essa a força do superar que você deve buscar para que o perigo do fim não ocorra. E, se tiver a dúvida da queda, resta-lhe o compadecer de Deus, a quem tudo é possível. Com ele, você pode se recuperar e atingir um novo estágio. Privilégio que lhe é dado, se assim entender, se assim desejar. Se a esse estágio você chegar, ganhará forças e ainda poderá superar as perdas que lhe forem impostas.

AÇÃO LENTA E GRADATIVA

No superar, a pressa não tem vez porque pode trazer o desespero do pequeno retorno e confundi-lo com a derrota. Por vezes, há que se aproveitar o pouco que restou. Assim como com as sementes, devem-se plantar as poucas que restaram e aos seus frutos esperar. Assim como os grãos que se somam e dão colheita maior no final, há que se somar as pequenas vitórias do superar, uma a uma, para que se tornem maiores. O embate das conquistas do superar é de centímetros, de metros, assim como em jogos, em que se avançam pequenas distâncias para chegar ao final. É aos poucos que se move no superar. Todos gostariam que fosse mais rápido, mas é assim que ocorre.

Se você consegue superar aquilo que não escolheu mas aconteceu, tenha certeza de que chegarão boas notícias. Cabe a glória de você se tornar maior entre todos, principalmente entre aqueles que por essas perdas nunca passaram. No superar daquilo que não quis, sua vitória é relevante, serve de exemplo. Você ganha respeito, obtém consideração, adquire admiração muito acima do que tinha antes de vir o problema. Você passou no teste do sofrimento da perda inesperada, do choro que não queria, da dor lancinante, da amargura do tempo. Conseguiu a vitória que antes parecia derrota, tornou-se modelo para quem quer segui-lo. As boas-novas surgem de todos os lugares, porque a você procuram, admiram, glorificam e perto de você querem estar. Você vira um *case*, forma discípulos, ganha seguidores que o vangloriam e com você querem trabalhar no dobro de tempo em relação a antes.

Há forças incríveis que nos ajudam na virada de rumo, no emergir do fundo do mar. Há os sentimentos que veem do coração, da cabeça e da alma. Junto com eles há algo ainda maior: a família. Que força é maior do que as dos entes queridos? Que força é maior do que o filho e a esposa dizendo: "Estamos com você"? Que força é maior do que o bem que queremos a eles? Que força é maior do que dar a vida por eles? É essa força que nos mantém e nos faz a tudo superar.

Na perda maior, a família é o que resta. É nesse pilar que você se sustenta, é nessa base que criam os alicerces para se reerguer. Com a família, você preserva a sua sobrevivência, busca o seu reconforto, supera o que passou. Aos que desgraçadamente não a têm, não lhes cabe superar o que aconteceu; cabem-lhes as desgraças de viver infelizes e se amargurar sempre. Com a família, você se supera. Conserve-a. Dê a ela todo o amor que puder.

Na luta, no esforço, na batalha do superar, você necessita do terceiro verbo – persistir – que tão bem faz aqui. Como você está diante das derrotas, dele vai precisar. Com o persistir, você se surpreende com as qualidades que desconhecia em si mesmo. Descobre que tem poderes capazes de enfrentar algo que nem imaginava debater, reage conforme é solicitado. Infelizes aqueles a quem nada lhes é pedido, incapazes aqueles a quem nada lhes é colocado à frente, inocentes aqueles que nunca foram trapaceados, despreparados aqueles que nada fizeram de errado, incrédulos aqueles a quem nada lhes ocorreu e não precisaram fazer orações, frívolos aqueles que não se tornaram amantes. Humanos completos devem passar por dificuldades e superações, senão lhes faltará um pedaço.

Cabe a você refletir: se passou pelo superar, é porque sentiu a dor e a tudo conhece. Se não passou, se torna incompleto. Difícil escolha.

A recompensa do superar traz a vitória que marca as histórias de anos, por vezes de séculos. No superar se formam os mártires, que deram a vida pela justiça do bem contra o mal. No superar se formam os heróis, que lutaram na superação da proibição para a liberdade conquistar. No superar se formam os santos, que supriram a fome dos que nada tinham a comer. No superar se formam as lendas, que nos ensinaram a viver. No superar se formam os cientistas, que superaram o desconhecimento no combate às doenças. No superar se formou o filho de Deus, que deu a vida para vencer os pecados.

Nenhum desses se fez nas histórias sem que houvesse o superar. Por qual sacrifício você prefere passar? Do herói, do mártir, do santo, da lenda, Daquele que entregou sua vida ou do sacrifício que lhe foi colocado? Melhor superar o problema que o aflige ou viver na perda que o atingiu? Cabe a você refletir sobre isso. E se suas pretensões são ainda maiores que tudo isso, vai e procura, que seu caminho encontrará, assim como poucos fizeram.

INSPIRE-SE, SUPERE-SE SEM QUE HAJA O SOFRER

Há outros tipos de superar, sem que haja o sofrer. Não vêm com dores, mas com possibilidades menores. Quer superar os amigos do pôquer? Tem que decifrar por que erra tanto. Quer superar o trabalho que não é reconhecido? Tem que entender aquilo que faz e como age. Quer superar as inimizades que se apresentam? Tem que analisar como se comporta. Quer superar as perseguições? Tem que desfazer os males que por acaso provocou. Quer superar sua ignorância que tanto o incomoda? Tem que buscar o conhecimento que falta. Quer superar o amor que não tem? Tem que buscá-lo e entregar-se mais do que faz.

Aos esportistas é dado o dom de superar os limites, porque não se deixam estar naquilo que estão; buscam sempre mais. Quando chegam a um limite, querem outro. O que parece muito torna-se pouco. Não lhes cabe aquilo que lhes foi dado num primeiro instante. Estão sempre à procura do recorde: do deles e dos outros. Querem o nunca batido, o nunca conquistado; é isso o que os tornam vencedores. Aos esportistas é dado o dom do querer vencer, não para aliviarem as dores do passado, mas para serem melhores do que são. Se tiver o dom dos esportistas e nesse espírito viver, talvez o destino não traga o sofrer. Pode receber aquilo que quer sem passar pelas dores.

Há histórias incríveis, vitórias estrondosas de pessoas felizes que nada sofreram e muito fizeram. Aos filhos do rico e do sábio é dada a oportunidade de multiplicarem o que lhes foi passado, sem que tenham que sofrer e indagar se foi a sorte que lhes trouxe. Por vezes, suas honras são ainda maiores, porque não precisavam fazer e fizeram; não precisavam buscar e buscaram; não precisavam trabalhar e trabalharam; podiam viver à sombra e ao sol se puseram. Por acaso, a terra fértil distingue a quem pertence? Por acaso, a semente diferencia quem a planta? A você também cabem conquistas e glórias sem ter que sofrer. Inspire-se, supere-se, sem que haja o sofrer.

O SUPERAR DA DOENÇA – BUSQUE FORÇAS

Uma das mais difíceis superações é a da doença que quer nos levar. Por vezes, ela diz a que veio e mostra seus efeitos. Altera o corpo, a alma e a mente. No corpo, complica os órgãos, traz disfunções, desarmoniza os ritmos, causa estragos visíveis. Na alma, tira o espírito, abala o moral, rouba a alegria. Na mente, perturba e confunde em seu existir.

Mas, ainda assim, é preciso buscar forças e se superar. Aos que se entregam, o tempo não os favorece; aos que lutam, o tempo os ajuda. No querer viver, no estar ao lado da família, na fé fervorosa a Deus, tudo se intensifica, e a cura pode aparecer. Nesses itens, ganha-se a força ao procurar um médico credenciado, um tratamento eficaz, um remédio mais assertivo, uma meditação de viver, uma fé espiritual, um embalo dos mais fortes que nos animam a viver.

Há os que não querem operar e se abatem; há os que operam inúmeras vezes e estão firmes no jogo. Há os que nem receberam a notícia e se desesperam; há os que já sabem do mal e lutam com garra. Há os que sofrem antes de ter; há os que já tiveram e estão felizes porque melhoraram. Há os que se jogam do alto do edifício; há os que viajam milhares de milhas à procura do milagre que alguém lhes contou. Qual deles vai se superar? Aos primeiros cabem o desânimo, a desesperança e a descrença que pouco ajudam; aos segundos cabem o ânimo, a esperança, a crença, o lutar e o querer que tudo podem mudar.

Há ainda o superar da doença pela fé espiritual. Aos incrédulos, isso não lhes é permitido. Aos crentes, lhes é dado o poder da fé que mexe com a mente, com o corpo e com a alma. Na fé, sustentam-se, ficam firmes no jogo, lutam com garra, viajam à procura do milagre. Na fé, animam-se com o pequeno alívio, tornam-se esperançosos, creem na cura, acreditam no que buscam, formam um estado de espírito que a tudo pode transformar. Não cabe a você decifrar como a fé atua na cura, assim como há muitas coisas que não lhe compete decifrar, ainda que queira. O poder da fé é uma delas. Por acaso, você não crê no remédio que toma e com ele se cura? Compete a você decifrá-lo? Por que, então, haveria de decifrar a fé que o cura?

OS INTERMEDIÁRIOS DA CURA

Aos homens que dizem fazer milagres não lhes é dado o poder da cura, mas são suas palavras que movem o coração, a mente e a alma – estes, sim, capazes de o corpo transformar e o milagre operar. Nas palavras daquele que o quer amparar, você pode ampliar sua fé. A elas pode caber a sua cura. Vale o pastor, se aquele que está debaixo de suas mãos se comove com as bênçãos e as palavras lhe tocam o coração. Vale o santo padre, se Deus pertence àquele que necessita. Nossa cura está dentro de nós, a nós pertence o milagre. Que Deus dê saúde e livre você da necessidade de passar pelo superar da doença e da dor. Que a paz esteja com você na fé Daquele que a tudo pode. Supere-se na mente, no corpo, na alma, na fé. Isso pode ajudar a construir a sua vida.

O MAIS DOLOROSO

Tive que superar alguns acontecimentos, e o pior deles foi a morte da pessoa que mais amava. Nada é mais doloroso que a morte. Essa morte não me deu a chance de lutar, de tentar, nem ao menos de suplicar. O Deus que aqui descrevi não me ouviu; se me escutou, não respondeu. A morte se consumou. O que me restou foi enterrar aquele a quem mais amava. Com ele, enterrei minha fé, minha coragem, meus sonhos e meus 20 anos na época.

Na morte, o choro não convence a mudança do fato; orações caem no vazio e na descrença, não se justificam; a pessoa querida já se foi. Você não dorme. Vive no pesadelo do não entender, do inexplicável. Os únicos sentimentos são de revolta, descrença, amargura, dor. Você chega a questionar-se sobre o sentido da vida.

Há mortes que ocorrem no tempo em que se dá a aceitação. Não foi a que recebi. Ela veio sem doença, sem aviso prévio. Foi cruel em seu formato. Pegou a quem ainda tinha um bom tempo por aqui, que estava com saúde, no esplendor de seus 43 anos, no auge da força. Nada podia derrubar aquele que cuidava de mim, a não ser a morte. Foi o que o derrubou.

Às 16 horas de um domingo nos beijávamos, com alegria no coração. Às 23 horas, eu beijava seu corpo frio estendido na maca, com a dor mais amarga e forte de todas. Insuportável. Rompeu-se tudo o que existia com uma desgraça que não coube ao criminoso cruel ou à mais baixa criatura do mundo. Coube o sofrimento ao jovem fervoroso que tinha Jesus Cristo como seu maior amigo e Deus como pai celestial, a quem orava todos os dias. Coube a amargura angustiante ao jovem cheio de sonhos que estudava para ser médico. Coube a dor alucinante ao jovem que amava seu pai como ídolo maior, não pelo que tinha no bolso, mas pelo que carregava na alma, no dar-se à família que amparava, no esforço sem nada medir, sacrificando-se de maneira incomum.

> Quer superar sua ignorância que tanto o incomoda? Tem que buscar o conhecimento que falta.

Foi esse pai que se foi, morto e executado a tiros, tentando salvar o pouco que tinha, numa padaria que nada valia, mas que era seu sustento e sua esperança futura.

Restou-me a dor alucinante, o choro constante, a amargura insuportável, a descrença, a revolta odiosa, a família partida – dois irmãos menores, um de 15 anos, outro de 10, e a mãe viúva de 42 anos. Todos desgraçadamente destroçados na alma e no existir.

Meu querido leitor, agora você sabe por que tanta escrita sobre o verbo superar. Passei muito forte por ele. Tive o doloroso

“Meu querido leitor, agora você sabe por que tanta escrita sobre o verbo superar. Passei muito forte por ele. Tive o doloroso trauma da morte em momento inoportuno, na época errada, no tempo incorreto.”

trauma da morte em momento inoportuno, na época errada, no tempo incorreto.

Nada é pior do que a morte fora do tempo. Foi o que aconteceu comigo. Depois, no tempo lento, me superei. Formei-me médico, voltei a ter Deus e Jesus em meu coração, casei com uma linda mulher que me deu cinco filhos maravilhosos, me tornei comerciante, construí restaurantes, empreguei pessoas, servi a multidões e até me aventurei a escrever para você e tentar ajudá-lo a construir sua vida. Há que se retirar as rochas do caminho para que possamos construir nossas vidas e nos tornarmos humanos completos.

UM BOM EXEMPLO DE SUPERAÇÃO

A obra de arte do verbo superar anuncia o surgimento do restaurante Ragazzo, que nasceu junto com a quinta loja Habib's, na esquina contrária, em São Caetano do Sul, em abril de 1989. Persistiu por dezenas de anos, num único lugar, numa única loja. Superou-se nas tempestades pelas quais passou. Foram dezessete versões de cardápios diferentes até que encontrou o ideal; foram três logomarcas mudadas até chegar à do Lucca, meu filho; foram dezenas de produtos lançados até surgir a coxinha campeã, eleita pela *Folha de S.Paulo* a melhor de São Paulo.

Somente em 2010, 21 anos depois, o Ragazzo inaugurou a segunda loja no bairro do Morumbi. Havia 302 lojas Habib's. Em 2015, o Ragazzo completou 53 lojas. Tornou-se um negócio tão bom quanto o Habib's. As vendas por loja Ragazzo são maiores do que as vendas por loja Habib's. Demorou 26 anos para deslanchar e fazer o sucesso que faz. Persistiu e venceu.

NA ESCRITA, SUPEREI-ME!

Escrever este livro também foi um ato de superação. Escrevi textos aqui que jamais pensei que pudesse fazer. Ao término de alguns deles, me questionei como pude ser capaz. Surpreenderam-me demais. Confirmei que cabem às pessoas do signo de Gêmeos personalidades distintas. No racional, escrevi como empresário, tentei fazer o melhor. No emocional, me tornei quase poeta, interpretei a vida mais próxima. Nesses escritos, me defini em significados que não tinha nem para mim mesmo. Fui além. Não me inibi de contar minhas particularidades pessoais e comerciais.

Em um dia que não sabemos, vamos embora daqui. E as histórias ficarão e guardarão o nome de quem as fez e as contou. É o modo de sobreviver no pós-vida. Dou valor a isso. Ainda que isso se restrinja aos poucos que me amam e me cercam, vale a pena. A eles quero deixar exemplos que permanecem no tempo. Penso no futuro, no deles e no meu. Quantas histórias eu contar, mais se lembrarão de mim.

> Há que se retirar as rochas do caminho para que possamos construir nossas vidas e nos tornarmos humanos completos.

Superei-me na escrita deste livro. Nos assuntos que haviam que ser ditos, estendi-me. Na sua inspiração precisei do tempo. Inspirações não brotam como a água na fonte. Escrevi nas horas vagas inexistentes, nas madrugadas antes do nascer do sol, nas noites prolongadas, nos domingos de culto e lazer, no cancelamento de reuniões e agenda, nos voos distantes. Na sua concepção, este livro ficou trabalhoso. Superei-me no tempo escasso. A cada capítulo, um tempo enorme e uma surpresa maior. Três anos e meio se foram entre a primeira palavra e as infinitas revisões, para que eu pudesse terminá-lo.

No momento desta escrita, minha filha Giullia, de 10 anos, me viu escrevendo e perguntou: “Pai, você não está em férias?”. Respondi que sim, mas que eu gostava de escrever. Escolhi um dos verbos e li para ela. Pela veia artística que carrega, a surpreendi. Ela me beijou e me disse: “Te amo”. Foi a primeira recompensa que a escrita me trouxe.

O superar traz isto: surpreende no que somos, liberta dons aprisionados, nos faz pensar, desvenda mistérios, define nossa trajetória por todos os ângulos, arruma tempo quando não se tem e, no final, compensa. Para mim, valeu a escrita. Espero que valha para você também, e que eu possa ajudá-lo a construir a sua vida.

30X30X30

MULTIPLICAR

◀

O recurso óptico dos espelhos, colocados frente a frente, permite multiplicar uma unidade até o infinito. Dessa forma, o universo passa a caber dentro de uma caixa do Box 30. O próprio logo da marca é reinventado e reproduzido de diferentes maneiras, ora figurando como equação matemática (30 x 30), ora sugerindo uma grande quantidade de pessoas. O símbolo da multiplicação faz referência direta ao verbo e pode ser visto infinitas vezes. A montagem é feita sobre uma placa de metal, material escolhido por estar associado ao valor monetário. Nela, estão estampadas imagens de cédulas, cujo valor é, igualmente, multiplicado. Uma menção ao gênio, no canto superior esquerdo, relaciona as marcas.

MULTIPLICAR, O VERBO DAS CONTAS

Dos verbos das contas, há o diminuir, que é muito bom quando é praticado nos gastos – uma questão de sobrevivência para os negócios e para a nossa casa. Há o somar, que se faz na velocidade do caminhar. Há o multiplicar, que se faz na velocidade dos recordistas. Oitenta e um é maior que 18, quando os 9 se encontram e querem chegar aos 100. Há o dividir que, depois do multiplicar, atende mais aos que necessitam. O milagre da multiplicação dos pães explica bem o que digo.

Na prática, cada um desses quatro verbos tem o seu tempo de uso. Um dos segredos para uma vida mais bem-sucedida é saber utilizá-los nos tempos corretos. Há tempo para ganhar e somar; para gastar e diminuir; para crescer e multiplicar; para dividir que, no amor ao próximo, deve ser o tempo maior. Às pessoas que sabem o tempo correto de utilizar cada um dos quatro verbos cabe a harmonia da vida. Às que não sabem, cabem a desarmonia, o desencontro, o desconforto, os problemas e a falta.

O nosso vigésimo segundo verbo, multiplicar, é um dos mais poderosos quando se buscam resultados. Feliz aquele que sabe usá-lo, porque terá a multiplicidade que quiser.

> Um dos segredos para uma vida mais bem-sucedida é saber utilizar os verbos das contas nos tempos corretos.

MULTIPLICAR *VERSUS* ÚNICO

Antes de me estender nesse verbo, quero conceituar o "único". A definição que

“Há tempo para ganhar e somar; para gastar e diminuir; para crescer e multiplicar; para dividir que, no amor ao próximo, deve ser o tempo maior.”

trago é o sentido de exclusivo, algo para poucos. A falta dele, para a maioria das pessoas, pouco importa, não lhes diz respeito. Que falta faz a uma pessoa a comida que nunca provou, o restaurante que nunca visitou, o casaco que nunca usou, a loja em que nunca entrou, o barco em que nunca passeou, o país que nunca visitou? A maioria das pessoas não está nem aí para o único. E são exatamente essas pessoas que tudo movem: negócios, comércio, serviços, economia, empresas, entidades, país. Vou tentar explicar por que prefiro o multiplicar ao único.

Algumas pessoas talentosas têm dificuldade de multiplicar. São excelentes no que fazem, mas preferem o único. Confortam-se na teoria de que ele é o que há de melhor, lutam pelas estrelas do prêmio maior, orgulham-se de ser *cases* do único. Pergunto: mais ganhou o médico famoso que fez o consultório para atender às "estrelas" e às autoridades que o procuravam ou o médico que fez muitos consultórios para atender a milhões de pessoas? O médico mais bem-sucedido e rico do Brasil é da cidadezinha de Guarantã, que no mapa é difícil de encontrar. Ele não gostava de ser único, de ter consultório; então multiplicou o atendimento a milhares de pessoas.

Questiono: mais ganhou o *restaurateur* que se empenhou por um único lugar na busca das estrelas Michelin, que o qualificou e colocou nas revistas ou o que reproduziu o pouco que sabia e o multiplicou nas centenas de lojas que se espalham por todos os lugares do mundo? Na primeira situação está um amigo a quem sempre questiono, porque fica no único restaurante maravilhoso que tem. Na segunda situação está aquele que, ao multiplicar uma carne moída amassada e redonda, dentro de um pão coberto com sementes de gergelim, fez o maior *fast-food* do mundo. Ao meu amigo couberam as estrelas da excelente colocação e algumas páginas de revistas, ao outro coube o privilégio de ficar na eternidade da história.

O que tento dizer é que o único é exclusivo demais, não se reparte entre muitos; falta-lhe o poder do multiplicar, de se expandir em números maiores, de ganhar velocidade. No único, no juntar dos 9 ganham-se 18, no multiplicar ganham-se 81.

A escolha do único ou do multiplicar é sua, depende do que você quer, do que é capaz, da maneira como entende.

Eu me fiz no multiplicar. Prefiro a mesa de muitas pessoas à de poucas. Foi assim que resolvi a equação mais difícil de todas. Descobri que ela só fecha no multiplicar, com milhões de pessoas, milhões de produtos. Por vezes me perguntam: "Você cobra barato porque vende mais ou vende mais porque cobra barato?". A questão é semelhante à dos biscoitos.

A obra de arte deste verbo traduz bem aquilo que digo: o espelho mostra o poder do multiplicar. Dependendo do ângulo em que você olha, a imagem refletida torna-se infinita. É a forma de demonstrar a multiplicação dos nossos produtos, que não param de vender. Você pode visitar o nosso escritório e ver o espelho da obra de arte de perto. É lá que estão os 25 quadros dos verbos.

Na logomarca que se encontra no quadro, criou-se uma forma de representar o multiplicar dos clientes, que estão por todos os lados, e também na vida real. Pode-se ver o "×", o símbolo do multiplicar, que indica a que veio: quer se multiplicar no custo menor que pratica. No chapéu, identifica-se a sua origem: Habib's.

Ao fundo da obra há notas de dois reais, que demonstram o acesso a todos. É o socializar, irmão univitelino do multiplicar. A eles cabe o múltiplo, que pode ser repartido entre todos. Neles, o futuro se faz mais proveitoso que no único. No socializar, há o multiplicar da prosperidade, da paz, do amor. No socializar, há o multiplicar do avanço, da tranquilidade, do afeto, do carinho, da comida, da educação, do modo de viver. No socializar, não há falta de alimento, a dignidade é maior. Cabe àqueles que preferem o único entender que podem ter o que quiserem, desde que nada falte aos que convivem com eles. Por tudo isso, preferi o multiplicar.

Na churrascaria em que adotei o conceito do único me dei mal, não sabia entender aqueles que lá frequentavam. Nos primeiros passos do Ragazzo, novamente adotei o único. Dificultei seu andar. Queria me igualar ao amigo *restaurateur* que procurava as estrelas do prêmio maior. Nos negócios em que me aventurei no único, todos estacaram no pouco. Foi no multiplicar que me encontrei. Até os sonhos têm de ser múltiplos, e não únicos. Na não realização do sonho único, há que descobrir a multiplicidade dos afazeres, a diversidade das funções, a variedade dos conhecimentos, a ousadia dos trabalhos múltiplos; há que se descobrir o poder do multiplicar.

Até os sonhos têm de ser múltiplos, e não únicos. Na não realização do sonho único, há que descobrir a multiplicidade dos afazeres, a diversidade das funções, a variedade dos conhecimentos, a ousadia dos trabalhos múltiplos; há que se descobrir o poder do multiplicar.

No multiplicar cabem a variedade e a diversidade. Não lhe cabe o atraso de só um único item produzir. Esse conceito serve também para as profissões. O jogador que defende a lateral, que avança pelas pontas e talvez pelo centro, joga no time do exterior, onde ganha cifras maiores. O goleiro que, além de defender, faz gols de falta e de pênalti, coloca seu nome no livro de recordes. O médico que decifra a planta de arquitetura tem o consultório mais belo. O engenheiro que sabe a receita do suco especial faz sua rede de bares. O padre que canta e o outro que escreve batem recordes fora das missas que rezam. O clínico que atendeu a uma multidão de pessoas no ambulatório pode escolher onde quer morar: na

“No multiplicar tudo engrandece, inclusive os problemas. Se não gosta deles e muitos menos de resolvê-los, não tente multiplicar: fique no único.”

capital, na cidade pequena, na selva amazônica ou em recantos distantes. São muitos exemplos de vitórias do multiplicar sobre o único, que também é capaz de obtê-las, mas são mais complexas.

No multiplicar da variedade e da diversidade ganhamos mais chances de demonstrar o que somos. Nem sempre cabe ao engenheiro construir seu cotidiano com obras, ao dentista vencer com o consultório, ou ao advogado se realizar no tribunal. É preciso variar além do que foi ensinado e ir mais à frente do que diz o diploma estampado na parede.

No multiplicar tudo engrandece, inclusive os problemas. Se não gosta deles e muito menos de resolvê-los, não tente multiplicar: fique no único. Se ao "multiplicar" é dado o muito de tudo, nesse tudo os problemas se multiplicam. Na frota maior dos barcos pesqueiros, um afunda; na companhia mundial de aviação, a tragédia ocorre; nas centenas de ilhas paradisíacas existentes, uma recebe o tufão. É a lei da probabilidade que atua quando há muitos mais.

Mas, se você tiver consciência do que conquistou, não vai se desesperar; vai continuar no comando e tudo se resolverá. Por acaso se destrói um carro que levou uma pancada na traseira? Por acaso, se destrói a plantação que teve parte perdida com a tempestade? Você sobrevive no conserto daquilo que errado está. E, se ainda assim perder um pouco, muito vai sobrar, porque já conquistou o multiplicar. Então, por que temer os problemas? Deles, há que se cuidar.

Como todas as contas, o multiplicar há que ser conferido, pensado, analisado, estudado. Faça isso quando aparecer o multiplicar na sua frente. Na dúvida, vá com ele. Lembre o encontro dos noves. Multiplicar – verbo atrevido. Se você gosta de riscos e emoções, atreva-se. Ele pode ajudar sua vida ou trazer problemas maiores que caberá a você resolver. Pense, analise, estude!

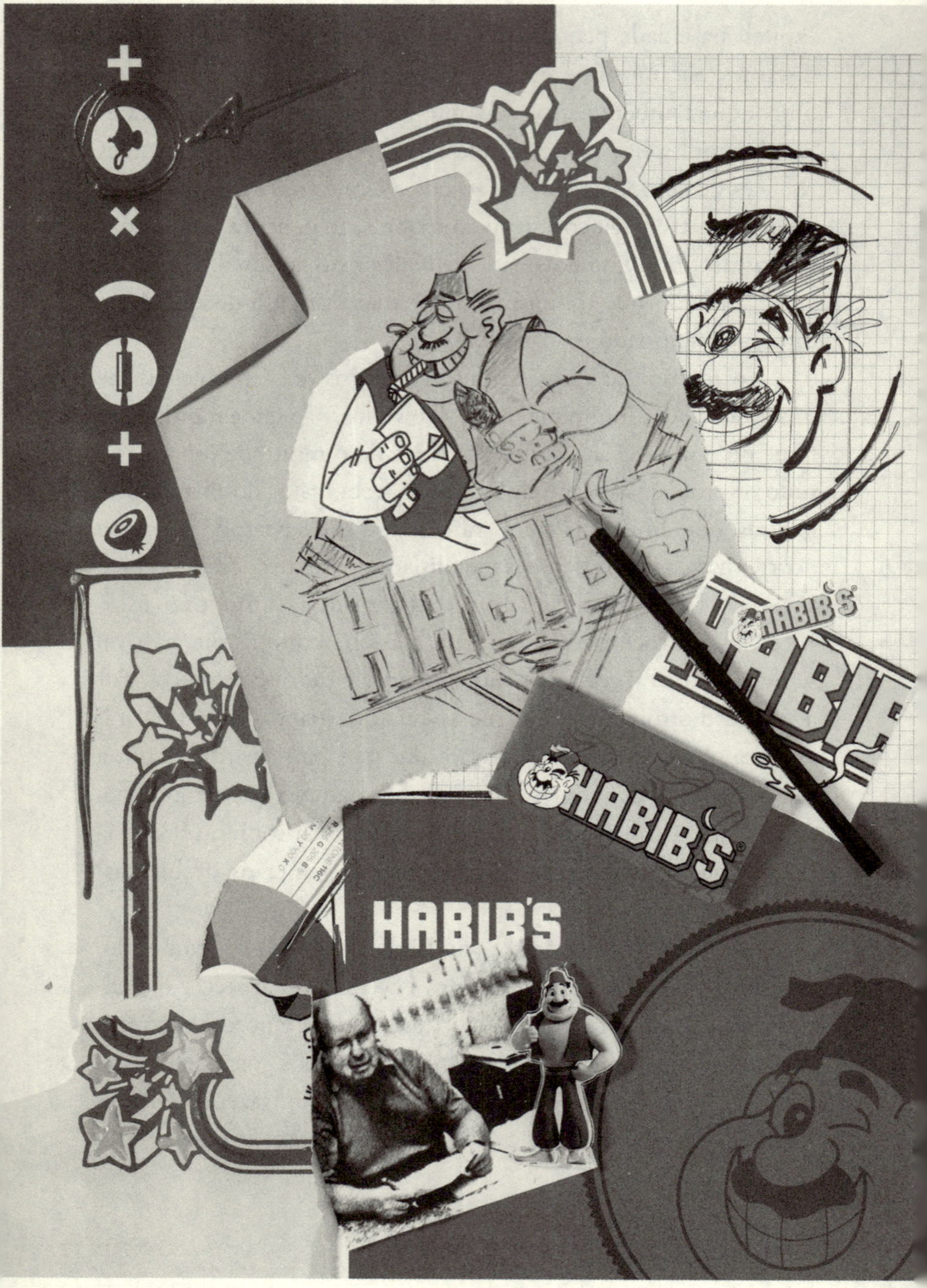
HABIB'S
HABIB'S
HABIB'S
HABIB'S

EVOLUIR

◀

A composição desta obra enfatiza a evolução e o crescimento da marca por meio da metamorfose do personagem principal, que dialoga com seu criador, Thomaz Pedroso. Dessa forma, o gênio pousa na mesa do diretor de marketing Pedroso, que, durante anos, tornou realidade os sonhos do fundador da empresa. Na parte central, vê-se a primeira logomarca apresentada ao fundador, com o gênio saindo da lâmpada mágica, segurando o quibe e o suco, com um largo sorriso e as vestes típicas. Partes do primeiro cardápio criado por Pedroso e dos atuais contrapõem-se e sustentam o esboço inicial. Os diversos papéis utilizados, bem como a tipografia, condizem com as épocas e as situações de momento da marca.

QUAL É O TEMPO DE VIDA CORRETO?

Neste verbo, analiso o nosso existir, o tempo que por aqui ficamos, o que somos, como vivemos, agimos, nos relacionamos. No tempo da vida, evoluímos. Alguns mais, outros menos. O menino que segura o pandeiro na obra do verbo acreditar sou eu. O garçom que segura a bandeja do rei no verbo amar também sou eu. No tempo da vida, esse tempo representa um instante; no tempo como ser humano, representa quase seis décadas. É uma dádiva quando isso acontece. Há que se agradecer Àquele que os dois tempos nos dá.

Surge a reflexão: qual seria o tempo de vida correto para nós?

Talvez quiséssemos viver muito mais do que os anos que nos são dados. Quanto tempo? O dobro de anos? Se assim fosse, haveria a reflexão se esse tempo de vida não seria longo demais. Será que não nos cansaríamos de todos esses anos em dobro? Por acaso, a boa visita não tem o seu tempo de estar? Por acaso, depois do dia, na noite não se quer descansar? Por acaso, não há o tempo de viagem correto que ultrapassado nos cansa? Por acaso, não há o tempo certo de estar com amigos sem deles nos cansarmos? Para tudo há o tempo correto. Por que haveríamos de ter o dobro do tempo que nos é oferecido? Enquanto você não tem a resposta, contente-se no existir, viva com gosto no tempo que lhe foi dado.

No tempo da vida, evoluímos. Alguns mais, outros menos.

O tudo, completo, nos foi negado. Sempre nos falta alguma coisa. "Tudo não terás", diz o ditado bíblico que traduz a realidade. Sem o tudo, nos igualamos ao próximo – às vezes com mais, às vezes com menos –, tornamo-nos mortais comuns, permanecemos iguais, somos dependentes uns dos outros – irmãos nas necessidades. São essas necessidades que trazem aprendizados melhores. Nas necessidades nos unimos, trocamos afinidades, aproveitamos um ao outro, usufruímos o que nos foi dado. Nas necessidades evoluímos e conquistamos um caminho mais produtivo.

Sem o tudo, nos igualamos ao próximo, tornamo-nos mortais comuns, permanecemos iguais, somos dependentes uns dos outros – irmãos nas necessidades.

O EVOLUIR DO CORPO E DA MENTE

Corpo e mente atingem o auge em tempos diferentes, divergem em seus estágios evolutivos. No início, o corpo atinge seu auge e a tudo pode. Rigoroso e disposto, acorda cedo, trabalha intensamente, percorre longos caminhos e não se cansa; mas não detém o pensar que a tudo conhece: corpo evoluído, mente em expansão. No depois, a mente no auge detém conhecimento, experiência, entendimento, e na sabedoria domina o que a cerca; sem deter o corpo descansado naquilo que faz: mente evoluída, corpo em regressão.

A exceção se faz em alguns anos da vida, quando ocorre a junção da disposição dos músculos com a sabedoria da mente. É nesse estágio que se faz a vida melhor. Feliz aquele que a isso entende e nesse período constrói sua vida. Nesse tempo, tudo é possível.

Mas tudo tem o seu tempo. Por que não nos foi dado na época da disposição de atleta o pensamento evoluído que a tudo compreende? Por que não nos foi dado no tempo do raciocínio perfeito a bateria carregada que não quer descansar? A resposta está na evolução.

Não há que crescer a raiz e o caule para a planta chegar às alturas? Por acaso, não há o tempo correto do amadurecimento do fruto no pé? Há o tempo do nascer, crescer, desenvolver, amadurecer. Assim, também ocorre com o corpo e a mente.

EVOLUA. ANTECIPE-SE EM TUDO O QUE PUDER

Aos jovens foram dadas a força dos músculos, a disposição do atleta e a bateria carregada. Cabe a eles buscar o evoluir da mente para o melhor proveito da vida. Se conseguirem, podem entender com mais facilidade o que se passa, aproveitar mais, libertar-se, encontrar o que querem.

Se você tem a juventude do corpo, antecipe-se: evolua na mente o quanto antes. Atrasados no tempo não conseguem entender bem isso. Aos desentendidos cabe conquistar o conhecimento maior somente depois que o corpo cansa.

A você que falta algo, não importa a idade que tenha, cabe o aprendizado o mais cedo possível. Evolua no amanhecer e no entardecer. Não deixe para o anoitecer nem para o final, quando o tempo de permanência aqui caminhar para o descanso e dele precisar. Seja completo no que pensa, naquilo que quer. Talvez, assim, você possa aproveitar mais seu tempo. Aja como os que vivem com alegria, inspire-se neles. Evolua e antecipe-se em tudo o que puder.

Faça sua mente crescer e depois cuide de seu corpo no bem que precisa. A vida testa você, então é preciso ter cuidado nos dois tempos: o início e o depois. Se descuidar no início, ninguém o alertará na busca do saber, e, no depois, você se entregará ao mal sedentário. Com essas reflexões, você pode se antecipar, evoluir e melhorar a sua vida.

"Se você tem a juventude do corpo, antecipe-se: evolua na mente o quanto antes. Atrasados no tempo não conseguem entender bem isso."

EVOLUA NO SEXO – OBSERVE OS CUIDADOS

Evolua no sexo: é um dos prazeres maiores – ele estimula o amor e liga melhor o conviver entre dois. Mas observe os cuidados. Em tudo o que é prazeroso há um perigo maior. Nos prazeres intensos, perdemo-nos. Não os banalize para não ser banalizado. Imponha limites sobre o "apenas fazer por fazer". Não seja vulgar; isso tira o prestígio que a você é reservado. No banal e vulgar, você se iguala a todos e perde o desejo daquele que o quer.

Não pratique a irresponsabilidade para não pagar o preço maior do inconveniente. Libere os segredos aos poucos e não os entregue todas as vezes para que se mantenham no tempo. Deixe que sua sensibilidade o guie sem perder a cabeça e, quando isso ocorrer, veja quem está a seu lado. Pode precisar dele por um bom tempo ou querê-lo para sempre.

O AMOR EXCESSIVO DOS PAIS

Aos pais cabe o evoluir dos filhos. Filhos pequenos aprendem com os pais o que praticarão no futuro, tanto o certo como o errado. Nesse tempo da infância, estão todos no mesmo nível. É aí que se atua.

"Corrige o teu filho, e ele te dará descanso, dará delícias à tua alma."

O amor dos pais tem o poder da construção, mas também da destruição. A situação de amor, a maioria dos pais conhece; a de desamor, poucos têm consciência. O desamor futuro se dá no que ocorre com o amor presente. "A vara e a disciplina dão sabedoria, mas a criança entregue a si mesma envergonha a sua mãe." Aprenda!

Pais apaixonados acreditam que, por amarem loucamente seus filhos, basta aquilo que fazem. Não praticam a repreensão, a obrigação, a responsabilidade, o compromisso, o respeito. Nessa falha, os filhos aprimoram seus poderes, desenvolvem métodos próprios de conquistas pessoais, ganham liberdade sem ter de passar pelas obrigações que tanto os incomodam.

"O filho sábio ouve a instrução do pai, mas o escarnecedor não atende à repreensão."

Há que se entender a lei da vida e nela nos orientar para que não plantemos na infância a semente do desamor futuro. Não queremos passar pela questão: "Amo loucamente meu filho, onde foi que errei?".

CUIDADO, PAIS, COM TRÊS SITUAÇÕES

Há três situações de relacionamento entre pais e filhos que costumam complicar e trazer problemas mais sérios. São as situações de filhos adotados, filhos de pais separados e filhos de pais excessivamente apaixonados. São esses pais que, na tentativa de compensar dificuldades, perdem-se na educação dos filhos, desviam-se do caminho que deveriam escolher, cometem erros em suas condutas. Há exceções, claro. Há pais conscientes e evoluídos. E são muitos!

Pais de filhos adotados carregam nas costas a cumplicidade da adoção, necessitam demonstrar que são pais verdadeiros. É aí que se perdem. Deixam de ser rigorosos na criação, livram os filhos das responsabilidades maiores, dando-lhes tudo que pedem, ainda que não mereçam. Esquecem que, para ser pais verdadeiros, basta ser pais de amor e de alma.

Pais separados têm a cumplicidade da separação. Por vezes, sentem-se culpados por não estarem sempre junto dos filhos. Então, tentam compensar a ausência na oferta excessiva, necessitam demonstrar que continuam a ser pais e que nada mudou com a separação.

Pais excessivamente apaixonados têm a cumplicidade do amor doentio. Não lhes apetece aplicar o rigor que se faz necessário. Perdem-se na crença de que os filhos vão amá-los na mesma intensidade.

Três amores reais e apaixonados, por vezes destrutivos, problemáticos e complicados. É preciso cuidado!

O que o tempo nos ensina é que há que se educar os filhos na infância, conforme a vida nos cobra, conforme as exigências e as regras pelas quais passarão no futuro. Há que se educar os filhos com o amor consciente, responsável, com emoção e razão, para que na emoção a razão se imponha. Há que se educar os filhos com o amor da repreensão, da obrigação, da responsabilidade, para depois se dar e entregar em tudo o que é possível. Há que se educar os filhos sem a liberdade que eles exigem durante o choro, sem grito, sem ofensa, sem desprezo, sem rebaixá-los, sem lhes dizer "idiota".

E, quando se esgotar a conversa repetida com seu filho que por dezenas de vezes perdeu-se, inspire-se nos ensinamento bíblicos, aqui descritos entre "aspas".

Se ainda não conseguir, resta o ensinamento da vara, a qual não se deve poupar, fazendo-a valer sem a ira do ódio ou da raiva, e sim com o amor. Você seria disso capaz? Evolua!

> Não deturpe o sexo para não ser deturpado. Não o banalize para não ser banalizado. Imponha limites sobre o "apenas fazer por fazer".

"O que retém a vara aborrece a seu filho, mas o que o ama, cedo, o disciplina."

Quando o filho crescer e adulto estiver, haverá chegado a hora de lhe dar a liberdade de escolher o caminho que quiser. Você já plantou a boa semente, agora colherá seus frutos.

Continue a repetir que o ama e deixe que ele pesquise os desejos que quer. Não o segure junto de você para não o perder. Dê-lhe confiança para que não desconfie de você. Dê-lhe o dinheiro necessário para que não peça o que você não tem. Dê-lhe a compreensão para que ele viva sempre nela. Permita-lhe o que a ele parece bem, ainda que você já conheça os resultados. Não se torne chato para que ele não o abandone. Não o xingue para que ele não o maltrate. Não grite para que ele não grite com você.

No amor que sentimos pelos filhos, por vezes nos tornamos confusos e nos perdemos, e é assim que muitas vezes também os perdemos. Temos que ser firmes e sábios. Evolua como pai, para que ele evolua contigo. É esse evoluir que deve perseguir para construir uma vida melhor.

HÁ SEMPRE UMA LIÇÃO POR TRÁS DAQUILO QUE OCORRE

Não cabe a nós julgarmos e darmos a sentença final quando alguns fatos ocorrem conosco. Há sempre uma surpresa que surgirá desses fatos. Podem parecer uma coisa e ser outra. Podem parecer ruins e muitas vezes ser bons. Por vezes, é difícil decifrá-los. Quer ver dois exemplos? O pai fazendeiro ficou triste quando seu jovem filho caiu do cavalo e quebrou a bacia. Todos os dias, arrependia-se de ter lhe dado o cavalo de presente. Por meses, o filho esteve se recuperando na cama. Por fim, o pai ficou feliz porque, durante esse tempo, a guerra veio, e o filho não pôde servi-la. Moral da história: muitas vezes as quedas têm seu sentido, fazem-nos sofrer e perder, mas podem nos reservar alegrias.

A família pobre em que nasci em Portugal deu-me o viver no Brasil – em Santo Antônio da Platina. Se fôssemos ricos, para cá não viríamos. Não teria crescido na igreja ao lado de casa e na fé não teria encontrado minha força maior. Se a padaria que assumi não fosse a pior de São Paulo, não teria aprendido a equação que mudou minha vida. Não teria sucesso e empregado tantas pessoas. Se por tudo isso não tivesse passado, não teria escrito este livro e não teria você comigo.

Aprenda: quando algum fato ocorrer, outro virá e, no tempo certo, você entenderá por que aconteceu. Não se desespere.

Não cabe a nós saber o que está no dobrar da próxima esquina ou a mil léguas de distância; é preciso caminhar até que o dobrar da esquina se apresente ou a distância chegue ao final. Não cabe a nós nos abater nos acontecimentos que ocorrem, nas batalhas perdidas, nos deslizes, nos tombos que sofremos. O tombo pode quebrar a bacia, mas pode livrar da guerra.

No pedido a quem o sustenta, pode vir o alívio que nada de mal há de passar com você. E cabe só a você mesmo evoluir no ânimo do querer, na garra do obter, na crença do conseguir, no prosseguir da fé, no persistir da coragem, e jamais desistir. São privilégios que a você pertencem. A frase marcante de meu pai, relembrei nos momentos em que precisei. Há sempre uma mensagem que pode mudar a nossa vida. É preciso entender a mensagem, ainda que na dificuldade estejamos. Não se desespere. Há sempre uma lição por trás daquilo que ocorre.

O HOMEM QUE FEZ A DIFERENÇA

Algumas pessoas constroem a história das empresas, são capazes de determinar o sucesso delas. Por vezes, dão a vida por esses empreendimentos, que retribuem aquilo que recebem. Vivem como plantas em simbiose: quanto mais o tempo passa, mais se tornam dependentes, mais vivem em conjunto, mais conhecem os segredos um do outro, mais entendem o que cada um quer e precisa, mais sabem o que fazer para se desenvolver. É dessa forma que conseguem o que há de melhor.

Uma boa empresa precisa de pessoas de destaque, que sejam o diferencial; craques que tenham valores redobrados no que pensam e executam. Tive esse privilégio.

O senhor que se apresenta na obra de arte do verbo evoluir é uma dessas pessoas de que falo. Thomaz Pedroso é o seu nome.

Ele foi o escolhido para representar na obra de arte todos aqueles que fizeram a diferença na empresa que somos; pessoas que, em suas individualidades, tornaram-se excelentes e conquistaram o que são. Se houvesse um *replay* de nossos melhores momentos, Pedroso estaria por várias vezes no vídeo.

Conheci Pedroso numa agência de publicidade chamada Deck, da qual ele era diretor de atendimento. Fui até essa agência com meu amigo Nelson Libbos, que era presidente de uma indústria farmacêutica e cliente do Pedroso. Chegando lá, disse ao Pedroso a ideia que eu tinha de montar um restaurante, um *fast-food* árabe. Quando lhe contei minha história e o que havia ocorrido comigo, ele se emocionou. Na saída da agência, disse-me: "Gostei de você, vou ajudá-lo. Você vai se surpreender com aquilo que me pediu".

Dias depois retornei e, numa prancheta, Pedroso me apresentou o Habib's – o mesmo que está no centro da nossa obra de arte. O gênio saía de dentro da lâmpada, com o sorrisão estampado no rosto, vestia o colete vermelho combinando com o cinto e o chapéu que o caracterizava como árabe. Era o gênio que eu precisava para realizar meus desejos. Em seguida, Pedroso me mostrou o primeiro cardápio Habib's. No centro, aparecia o Habib's, simpático e sorridente, envolto por quatro conjuntos de estrelas que saltavam aos olhos de todos. Nada me foi cobrado. Graças à minha amizade com Nelson Libbos. Pedroso seria uma das pessoas que faria a diferença em nossa empresa. Seria o gênio que atenderia aos meus pedidos. Sem conhecê-lo, na primeira solicitação que lhe fiz, realizou meu primeiro desejo. Nunca mais o esqueci. Precisava de alguém como Pedroso por perto. Sonhava com isso. Enquanto minhas lojas cresciam, eu mantinha Pedroso a par de tudo o que ocorria. Eu não tinha condições de ser cliente da agência na qual ele era diretor. Mas eu tinha um sonho que o contagiava, e, como gênio, Pedroso também tinha sonhos maiores: o dia a dia como diretor de atendimento não lhe bastava. Foi quando o convidei para participar de meus sonhos e vir trabalhar comigo. Ele topou na hora. Montamos, então, a agência de publicidade do Habib's, a PPM.

O único local que tínhamos disponível era a garagem do nosso antigo escritório, na rua Edson, em Campo Belo, São Paulo. Pedroso me surpreendeu ao dizer: "Vamos começar aqui mesmo". Ele ia abandonar uma das agências mais lindas que já conheci para vir trabalhar na garagem de uma agência que ainda iria começar. Nesse local, o gesso novo tapava o teto horrível, mas não vedava a água quando chovia. Descobrimos, depois, que havia goteiras. Foi nesse espaço que Pedroso topou trabalhar. Situações como essa fazem crer que "tudo é possível" para quem sonha.

Pedroso trouxe com eles mais duas pessoas talentosas e incríveis: Mazza, que cuidava da produção, e Sérgio, o criativo que tudo imaginava. Formou-se um quarteto imbatível, tudo o que fazíamos dava certo. Eu pensava o que haveríamos de fazer nos negócios, Pedroso, Mazza e Sérgio bolavam o marketing, colocavam no papel e realizavam. Assim teve início o marketing do Habib's. Deu certo. Atualmente, 98,8% dos brasileiros respondem Habib's ao serem perguntados sobre a marca de *fast-food* de que se lembram. É o que mostram as pesquisas.

Por mais de vinte anos, eu e o Pedroso estivemos juntos. Pedroso entendeu qual era o DNA do Habib's. Ajudou-me a moldar nossa empresa e a nossa marca. Depois, veio o depois. Pedroso se aposentou e retornou ao interior, a São José do Rio Preto. Sua companheira, que é um amor de pessoa, achou melhor assim. Nessa decisão, ficariam mais tempo juntos e curtiriam mais o tempo de vida. Saudades do Pedroso; sempre que falo dele me emociono. Na reinauguração da Cerro Corá estivemos juntos por bons momentos, recordando as conquistas. Acaba de falecer. A vida não quis que dele eu me despedisse, estava na França. Restou o dia de luto na empresa e a nossa homenagem.

EMPRESAS SE RENOVAM

Diferente do ser humano, às empresas é permitido voltar a ser jovens. Renovam-se na apresentação, no quadro de pessoas, na administração, na logomarca, como se estivessem a nascer e ao novo atender. Abençoada e bem-sucedida é a empresa que entende isso, porque a ela é dado o poder de rejuvenescer. Pode estar sempre nova, renasce nos dias, nos anos, nas décadas.

> Pais apaixonados acreditam que, por amarem loucamente seus filhos, basta aquilo que fazem. Não praticam a repreensão, a obrigação, a responsabilidade, o compromisso, o respeito.

Empresa assim aprende com o passado, renova-se no presente e evolui no futuro. Serve os clientes que já tinha e conquista os que chegam, sem ter que mostrar o tempo transcorrido. Nesse evoluir, cabe à empresa fazer respeitar o seu DNA de origem, adaptar-se às inovações, viver o momento, sentir o que o novo deseja, aperfeiçoar sua identidade visual, ajeitar-se num novo modo de ser. Foi o que aconteceu conosco por volta de 2012.

MEU HABIB'S GANHOU VIDA

Nós, fundadores de empresas, temos a tendência de querer permanecer com a marca do jeitinho que a criamos, como ela era no primeiro dia. Há sentimentos envolvidos nesse desejo. Para os fundadores, a empresa é como o filho que nunca quer que mude. Trocar, então, não existe. Mas há que se adaptar ao novo, à evolução da marca. Por essa fase tive que passar.

Nossa nova diretora de marketing me convenceu a

“Para os fundadores, a empresa é como o filho que nunca quer que mude. Trocar, então, não existe. Mas há que se adaptar ao novo, à evolução da marca.”

contratar a mais bem cotada empresa do mercado para fazer o trabalho de evolução da logomarca. Depois de meses de entrevistas e estudos intensos, vieram com a proposta de mudar o gênio, o meu Habib's, quase que deformá-lo. Lembrei-me de Michael Jackson em seu período de constantes mudanças no rosto, quando tentava se encontrar. Um horror. Não permiti. Insistiram e argumentaram. No calor da discussão, dei uma tapa na mesa e disse: "Nem pensar". Ameacei descontratar a empresa. Tempos depois, me apresentaram o Habib's de outra forma. Convenceram-me de que era atualizado aos dias de hoje. Isso, permiti. Encarei o rosto mais novo, como se fosse o filho do Habib's, idêntico ao pai. Interpretei e entendi que os filhos são sucessores até na marca.

Sem que eu soubesse, minha filha Bruna havia trabalhado meses para dar vida ao Habib's. O gênio, agora com cara mais nova, ganhava o tridimensional e vida própria.

Na sequência, mudaram as letras Habib's em três cores, de que eu tanto gostava, para branco aplicado ao fundo vermelho. O colorido que eu amava virou uma cor única. Argumentaram que a marca ficaria mais legível, com melhor aplicação. Alegaram ser o evoluir do complexo para o simples, do trabalhoso para o prático. Procurei entender. Os novos ícones da marca vieram com ar de frescor, do fazer na hora, mantendo a magia da lâmpada. A boa surpresa estava por vir.

Sem que eu soubesse, minha filha Bruna havia trabalhado meses para dar vida ao Habib's. O gênio, agora com cara mais nova, ganhava o tridimensional e vida própria. Na comemoração de nossos 25 anos, no navio, o Habib's fez sua primeira aparição como personagem vivo. Quando o vi, me emocionei. Lado a lado, demos boas-vindas a todos os amigos na recepção do navio.

Caminhamos juntos. Assim como uma criança, por minutos acreditei que ali estava aquele com quem construí minha história. Completávamos 25 anos juntos. De todas as mudanças, foi a que mais amei. No final de todo o trabalho, entendi que faz parte da vida o evoluir e a ele compreender.

AMAMOS NOSSOS CLIENTES
E PENSAMOS
momentos
DO
dia
A ARRUMAÇÃO
ESPECIAL
DE
REFEIÇÃO
CADA
ATÉ O
ATENDIMENTO GENTIL
E CARINHOSO

SURPREENDER

◄

Para esta obra, a artista buscou uma linguagem contemporânea, de tom incisivo, com o objetivo de consolidar, de forma poética e artística, o manifesto da marca. Mescla referências a um quadro negro e a um muro grafitado (onde, normalmente, "gritam" ideias) para expor e gravar a filosofia da empresa. O resultado é tão surpreendente e atual quanto a proposta da marca.

O SURPREENDER DOS EXTREMOS

Melhor sofrer de amor do que a ele não conhecer. Melhor a dor do parto do que o filho não ter. Melhor o cansaço do exercício do que um sedentário doentio ser. Melhor a longa viagem em que se encontra aquele de que se tem saudade do que a curta que a ninguém se vê. Melhor o luar que pouco ilumina do que o clarão das luzes das trevas.

Os extremos têm o poder do tudo ou do nada. Se você surpreende aqueles que o cercam no extremo do tudo, você se torna o melhor; se surpreende aqueles que o veem no extremo do nada, você se torna o pior.

O que passa do normal surpreende. O que atinge o limite surpreende. O que vem no excepcional surpreende. O que está fora do nosso alcance surpreende.

> Há os que vivem na normalidade dos que não chamam atenção e nada surpreendem. A eles é dada a normalidade do conformar, aceitar, pouco ter.

Há os que vivem na normalidade dos que não chamam a atenção e nada surpreendem, atuam no morno da água que nem aquece, nem gela, permanecem no tempo dos que apenas vivem, dos que ninguém observa, dos que nada despertam. A eles é dada a normalidade do conformar, aceitar, pouco ter.

Há os que a tudo surpreendem, vivem na adrenalina, na emoção do saber e querer, vivem à procura do destaque para que todos os vejam e sigam, se esforçam para ter o lugar mais alto do

"Há os que a tudo surpreendem, vivem na adrenalina, na emoção do saber e querer; se esforçam para ter o lugar mais alto do pódio."

pódio e não se conformam com o segundo degrau: estão sempre em busca dos recordes, por mais difíceis que sejam. A eles são dadas as regalias que trazem uma vida melhor. Nesse surpreender, progridem, crescem e realizam desejos maiores.

O trabalho de doze a quatorze horas surpreende o chefe que de mais horas precisa. O médico que consegue a cura maior surpreende a todas as pessoas e àqueles que do milagre precisam. O pizzaiolo da massa feita na hora surpreende a todos que lotam o local. O piloto que atinge o limite surpreende àquele que tem o cronômetro na mão. O serviço com conteúdo surpreende a quem o analisa. O trabalho de resultados excelentes e metas completas surpreende àquele que tem o poder. Melhor surpreender!

Que felicidade é maior do que o surpreender do anel que vem com o pedido do para sempre ficar? Que emoção é maior do que o surpreender daquele que veio gerado do amor? Que alegria é maior do que o surpreender do boletim do filho pequeno que atingiu a excelência? O surpreender do bem nos traz felicidade, deixa alegres, emociona, realiza, encanta, anima. Melhor surpreender!

Mas, cuidado, não surpreenda no mal, porque você ficará marcado no livro; recordarão de seus atos para sempre, será lembrado por suas mazelas, crucificado por seus pecados como se eles fossem só seus. Lembrarão do seu ódio como se nunca tivessem odiado, recordarão dos seus horrores como se por eles não tivessem passado. Nesse surpreender, jamais atue; ele traz o pior.

PROMOÇÃO 365 DIAS

Faz parte das características do ser humano obter vantagens, ter a sensação de que fez uma ótima compra, comprou barato demais, fez um excelente negócio. Diante dessa sensação, as pessoas compram até o que não é necessário, o que não faz falta. A compra barata traz às pessoas a sensação de realização, deixa-as felizes, aquecem seus ânimos, fazem que se sintam satisfeitas por ter pagado menos. Comprar por um preço vantajoso faz bem a todos.

Sempre ouço amigos comerciantes e empresários dizerem quanto lhes fizeram bem as promoções de verão ou de inverno. Nessas promoções, vendem todos os estoques, pagam as dívidas e ainda sobra um bom dinheiro. É o que dizem. Sempre retruco: "Se dar descontos e vender barato faz tão bem e atrai tantos clientes, por que, então, você não faz isso o ano todo? Se é durante essas promoções que você mais ganha dinheiro, paga suas contas em atraso, faz subir o astral da empresa, por que não vende barato 365 dias?". As respostas são ridículas, sendo que a mais comum é: "Se eu fizer isso o ano todo não é promoção, é preço".

CONHEÇA O HABIB'S E SE SURPREENDA

Existem características que nascem com as pessoas, estão contidas em seus cromossomos, fazem parte do DNA. É no DNA que estão contidas características como cor do cabelo, dos olhos e da pele, altura, peso e até singularidades comportamentais e sentimentais.

O Habib's também tem seu DNA. Sua característica mais forte é o preço acessível, barato demais. Sempre digo aos meus filhos que, se um dia passarem por dificuldades comerciais, devem colocar seus produtos a preços surpreendentes, extremamente baratos, porque assim tudo se resolverá, como num toque de mágica. O preço barato tem capacidade de atrair clientes, e é com clientes que se resolvem as dificuldades.

No ano de 2016, em que a taxa de desemprego no Brasil bateu recordes e chega a quase 10%, em que a recessão domina o país com o PIB negativo girando em torno de -4%, em que a maioria das empresas vem deixando de investir e mandando funcionários embora, nossa diretoria de expansão está programando a abertura de cem lojas entre Habib's e Ragazzo Express, o que vai gerar cerca de 3 mil empregos diretos.

Na compra de nossos dois produtos carros-chefe – Bib'sfiha de Carne e de Queijo – o cliente paga uma e leva duas. Além disso, nossa próxima campanha publicitaria será Bib'sfiha de Frango a 0,79 centavos – depois de 27 anos de existência, o zero à esquerda retorna como se em todo esse período não tivesse havido inflação. Surpreso?

Quem procura conhecer o Habib's se surpreende com as instalações do escritório central, a infraestrutura, os departamentos existentes, as empresas verticalizadas, as indústrias e centrais de produção que fazem parte da rede.

> O surpreender do bem nos traz felicidade, deixa alegres, emociona, realiza, encanta, anima. Melhor surpreender!

Quem procura conhecer o Habib's se surpreende com os volumes estrondosos que o envolvem. A quantidade de Bib'sfihas vendidas por ano, se enfileirada uma ao lado da outra, percorreria todo o planeta uma vez e meia. Você consegue imaginar uma fila de Bib'sfihas dando a volta pelo mundo uma vez e meia? Se colocássemos todas essas Bib'sfihas espalhadas lado a lado, cobriríamos a área das quinze maiores cidades do Brasil, como São Paulo, Rio de Janeiro, Belo Horizonte, Curitiba e outras tantas.

A quantidade de clientes que passam por nossas lojas é a mesma da população brasileira. É como se o país inteiro nos visitasse todos os anos. E, como nem todos têm tempo para consumir em nossas lojas, muitos fazem isso pelo *delivery*, cuja quantidade de pedidos corresponde a 2,5 vezes os domicílios existentes na cidade do Rio de Janeiro. E aqueles clientes que estão apressados, ou não querem descer do carro, consomem nossos produtos pelo *drive-thru*, cuja quantidade de veículos é equivalente à frota de São Paulo, a maior do Brasil. E para não ficarmos só com associações brasileiras, com a quantidade de carne que compramos por ano daria para oferecer uma churrascada para toda a população da Argentina, do Uruguai e do Paraguai juntos. Surpreso? Ainda não?

Nossos volumes são surpreendentes. Tudo o que lançamos faz sucesso. Voltam as questões: será que temos volumes surpreendentes porque cobramos barato ou cobramos barato porque temos volumes surpreendentes? Será que vendemos mais porque temos qualidade ou temos qualidade porque vendemos mais? Será que temos milhões de clientes porque nossos produtos são bons ou nossos produtos são bons porque temos milhões de clientes?

Na variedade de cardápio contido em nosso DNA, há produtos de todas as etnias. A receita do pastel de Belém veio da confeitaria de Lisboa, do bairro Belém, e precisariam existir 2.450 confeitarias iguais a essa de Portugal para vender a quantidade de pastéis de Belém que vendemos em um ano. A quantidade de bolinhos de bacalhau comercializada anualmente corresponde a 2,5 vezes a população de Portugal.

Da Itália vieram as pizzas, cuja quantidade vendida em um ano, empilhada, teria a mesma altura de 230 Torres Eiffel. As *fogazzas* que produzimos equivalem à soma das populações das três maiores cidades italianas: Roma, Milão e Nápoles.

E, nos produtos árabes, a quantidade de beirutes que vendemos anualmente corresponde a 3,3 vezes a quantidade de pessoas que vivem na cidade de Beirute, no Líbano. No nosso charutinho de uva, usamos uma quantidade de folhas de uva que poderia cobrir a área de cinquenta campos de futebol. Não é surpreendente?

NOSSO MANIFESTO

Nessas quantidades está a compreensão do que somos e do que praticamos. Elas confirmam o manifesto que está inserido na obra de arte, que nossos colaboradores gostariam de pichar em todas as paredes das cidades para que todos conhecessem o que somos.

Os volumes estrondosos citados traduzem o amor que demos aos clientes, que se multiplicaram em milhões e se espalharam por todo o Brasil; confirmam a vocação que temos de fazer produtos bem-feitos, quaisquer que sejam sua origem, e que garantiram um relacionamento duradouro de duas décadas e meia e que cresce a cada dia.

Por tudo isso, descobrimos que somos apaixonados pelo que fazemos e que estamos preparados para o novo, o surpreendente e os lançamentos que virão, transformando o normal do *fast-food* em algo extraordinário, mudando a concepção do *fast* – de servir em pé para servir à mesa.

Queremos juntar o amor aos clientes com o prazer de fazer bem-feito – acrescentamos a alegria de oferecer preços extremamente acessíveis e, dessa forma, surpreender a todos. Por isso é que dizemos: "Habib's é muito mais". É dessa frase que se justificam os números. É preciso surpreender. É o que procuramos fazer.

25

COMEMORAR

◀

Em tons de prata e destacando objetos, como a vela e o bolo, a artista representa o aniversário de 25 anos da rede – a comemoração de suas bodas de prata. As imagens de relógios remetem ao tempo passado e às histórias vividas. Na parte inferior do quadro, em uma foto antiga com mulheres, a artista inseriu roupas em formato de relógio e chapéu de aniversário, simbolizando alegria e festa. Na parte superior, rapazes empurram um carrinho de construção e olham para o relógio, simbolizando a importância de construir os pilares para o futuro. No rodapé, do lado direito, a artista dá os parabéns em italiano "tanti auguri per te" *("Muita sorte para você"). A obra dá destaque ao tempo que está representado nas horas: na parte de baixo, as do passado; na de cima, as do futuro. É como se transmitisse a mensagem de que ao tempo é dado o poder do comando. É ele que dá o tempo da vida. Enquanto temos tempo, precisamos comemorar o passado, o presente e o futuro.*

SEMPRE COMEMORANDO

Foi no comemorar que dirigi minha empresa. A cada conquista, a cada momento de alegria, a cada passo bem dado, a cada meta realizada, a cada missão cumprida, a cada bom acontecimento, comemorei com todos.

No comemorar, liberta-se do que aprisiona e incomoda. A sensação é de liberdade para todos.

Empresas que comemoram são mais alegres, mais divertidas, contam com pessoas felizes naquilo que executam. Empresas que comemoram se animam no tempo presente e futuro, se motivam para o próximo ano, a próxima jornada, as próximas bodas. No comemorar, dá-se o *start* à alegria, o sorriso se abre, o coração se encanta, o humor se eleva, a felicidade se encontra, a motivação se apresenta a todos.

Comemorar faz parte de nossa tradição. A primeira comemoração aconteceu no churrasco, no campo de futebol. Éramos vinte pessoas. Depois, veio o campeonato dos times das lojas. Éramos cem pessoas. Em 2013 foi o navio. Éramos 4.200 pessoas. Comemoramos o tempo – 5, 10, 15, 20 e 25 anos – nunca importou o tamanho que tínhamos.

> O comemorar liberta-se do que aprisiona, segura e incomoda. A sensação é de liberdade para todos.

É no comemorar que mostramos quanto somos felizes. Comemoramos o que nesse tempo fizemos. A cada

“Dos anos que se
passaram, esqueça
os tristes; já se foram.
Não dá para mudá-los.
Dos anos que virão,
pense o que quer,
programe-se e,
a cada fato feliz
que vier,
comemore!”

novo lojista, a cada dezena de lojas, a cada novo estado em que entrávamos, a cada estrutura montada, houve comemorações. Comemoramos os resultados, as vendas maiores, os novos clientes, as novas inaugurações. Comemoramos os talentos que temos. Vivemos o tempo todo comemorando! Até hoje, em nosso escritório central, a cada boa notícia, a cada vitória alcançada, os rojões correm soltos para que todos saibam que o "escritório de fazer tudo dar certo" está dando certo. É a maneira simples, prática e rápida de comemorarmos.

COMEMORE TUDO O QUE PUDER

Depois de tanta luta, tanto trabalho, tantas vitórias, nada mais justo que o nosso último verbo seja comemorar. Sou feliz por poder comemorar. Deus me abençoou, e a Ele agradeço. Sempre no final de coisas boas, comemoro. Também com você, meu leitor, devo comemorar. Depois de dezenas de páginas, de três anos de escrita, de horas de leitura, temos boas razões para, juntos, comemorarmos. Você insistiu e até aqui chegou, algo aprendeu e guardou; comemore também! A mim, cabe comemorar pela missão que me propus e que agora cumpro. Espero que tenha gostado. Tudo temos que comemorar!

Há que se comemorar: do simples ao complexo, do pequeno ao grande, do minúsculo ao maiúsculo, estando sozinho ou com muitos. Há que se comemorar os anos que passaram, os anos que virão. Há que se comemorar o viver.

Você tem alguém que o ama? Tem uma esposa que o espera? Tem alguém a quem protege? Tem amigos que o querem bem? Comemore!

Você fez algo proibido que adorou fazer? Perdeu a cabeça em alguma coisa boa que desejava? Já bebeu, relaxou, deu risada e gargalhou? Já gastou o que não podia em algo que queria? Não importa, comemore!

Já parou para pensar na família que tem e com ela é feliz? Parou para refletir que tem saúde, que não está na cama sofrendo e agonizando e vive o dia como quer? Então, comemore!

Já olhou o mar, pisou nas areias brancas e fofas, viu o belo da natureza, acompanhou o sol nascer e se pôr, olhou o luar brilhando nas águas do oceano? Refletiu que carrega um Deus com você e Ele o protege como filho na fé que possui? Então, comemore!

Dos anos que se passaram, esqueça os tristes; já se foram. Não dá para mudá-los. Dos anos que virão, pense o que quer, programe-se e, a cada fato feliz que vier, comemore!

A vida é feita de momentos felizes. São eles que nos dão o sentido e o justificar dos porquês. Viver é conquistar esses momentos e por eles comemorar. Se assim você entender, a cada conquista, a cada momento de alegria, a cada felicidade, a cada passo bem dado, a cada realização do seu íntimo, brinde à vida e comemore. Nos encontros ou nas festas, mostre a todos os presentes a alegria que quer expressar, comemore o momento que vive. No brinde com champanhe, cerveja, chope, pinga, tequila, tubaína, água com groselha, dê seu viva a todos.

Nos encontros ou nas festas, mostre a todos os presentes a alegria que quer expressar, comemore o momento que vive.

Se não puder dar uma festa, não importa, comemore com um beijo, com um abraço aconchegante, com as carícias das mãos daquele que ama ou com a noite de amor que deseja.

E, se por acaso na escuridão estiver, olhe para cima que verá as estrelas, elas estarão sempre à sua espera. Depois de tantos verbos, aprendeu que sempre há uma luz a nos proteger e guiar. Comemore! Um brinde ao término deste livro! Um brinde à sua vida e à minha! Um viva bem forte a nós dois! Viiiiiivvvvvaaaaaa!!!

AGRADECIMENTOS

Nos poucos anos de empresa, Bruna captou os verbos que fizeram diferença em minha vida. Tê-los colocados a mim, inspirou-me a escrever tudo que representam. Obrigado, filha querida.

Com a esposa, esses 25 verbos foram multiplicados por mil na intensidade de paixão e amor que com ela vivo. Obrigado, Claudia.

Nos três anos de escrita, os filhos perceberam minha ausência durante a escrita interminável que o livro me ocupou. Obrigado, Antonio, Giullia, Lucca, Beto e Bruna por estarem sempre junto comigo, aquecendo-me nesta escrita.

Na perda maior do meu pai, tive o conforto dos irmãos e da mãe que me apoiaram e me fizeram o que sou. Obrigado, Júlia, pela mãe protetora que és; obrigado, Belchior e Edna pela irmandade acolhedora e sincera.

No trabalho criativo, minha artista plástica preferida traduziu na arte os 25 verbos escolhidos. Obrigado, Suzana Garcia pela obra magnífica.

Na garra e dedicação incansável, meu CEO cuida da empresa como se fosse só sua e me permite prosseguir melhor no caminho diário. Obrigado, meu querido primo Mauro Saraiva.

De pouco adiantaria se o que digo e penso se perdesse no tempo e não tivesse a dedicação de meus colaboradores, que no dia a dia fazem desaparecer os problemas. Obrigado aos meus diretores, gerentes e companheiros de trabalho que constroem nossas marcas.

Minha história seria apenas um conto simples se não tivesse encontrado as pessoas que relatei neste livro. Eles deram um novo rumo a minha vida pessoal e empresarial. Obrigado a todas as pessoas citadas nesta obra.

Obrigado aos meus leitores que na curiosidade da aprendizagem e conhecimento chegaram a frase do viiiiiivvvvvaaaaaa final!

Preparação: Ana Clemente
Revisão: Carla D. Fortino, Hires Heglan e Lizete Mercadante
Diagramação: A2
Imagens de miolo: Suzana Garcia
Capa: Mateus Valadares

CIP-BRASIL. CATALOGAÇÃO NA PUBLICAÇÃO
SINDICATO NACIONAL DOS EDITORES DE LIVROS, RJ

S246v

Saraiva, Alberto
25 verbos para construir sua vida / Alberto Saraiva. - 1. ed. - São Paulo : Planeta do Brasil, 2016.

ISBN 978-85-422-0750-7

1. Sucesso. 2. Técnicas de auto-ajuda. I. Título : Vinte e cinco verbos para construir sua vida.

16-33896 CDD: 158.1
CDU: 159.947

Editora Planeta do Brasil Ltda.
Rua Padre João Manuel, 100 – 21º andar
Ed. Horsa II – Cerqueira César
01411-000 – São Paulo-SP
www.planetadelivros.com.br
atendimento@editoraplaneta.com.br

Este livro foi composto em Adobe Garamond Pro e Bliss Pro e impresso pela RR Donnelley para a Editora Planeta do Brasil em julho de 2016.